Paolo Cognetti

MEIN JAHR IN DEN BERGEN

VOM ABENTEUER DES EINFACHEN LEBENS

*Aus dem Italienischen
von Barbara Sauser*

Dieses Buch ist 2017 unter dem Titel
»Fontane Numero 1« im Rotpunktverlag erschienen.
Die italienische Originalausgabe erschien 2013 unter dem Titel
»Il ragazzo selvatico« bei Terre di mezzo Editore, Mailand.
Die Übersetzung dieses Buchs wurde von der
Schweizer Kulturstiftung Pro Helvetia gefördert.

Der Verlag und die Übersetzerin bedanken sich hierfür.

MIX
Papier | Fördert
gute Waldnutzung
FSC® C014496
FSC
www.fsc.org

Penguin Random House Verlagsgruppe FSC® N001967

6. Auflage
© 2017 Rotpunktverlag, Zürich (für die deutschsprachige Ausgabe)
© 2013 Cart'armata edizioni Srl/Terre di mezzo Editore, Mailand.
This edition published in agreement with
the Proprietor through MalaTesta Lit. Ag.
Copyright © 2019 der deutschsprachigen Ausgabe by Penguin Verlag
in der Penguin Random House Verlagsgruppe GmbH,
Neumarkter Straße 28, 81673 München
produktsicherheit@penguinrandomhouse.de
(Vorstehende Angaben sind zugleich Pflichtinformationen nach GPSR)

Lektorat: Daniela Koch
Covergestaltung: Bürosüd
Covermotiv: Bürosüd
Satz: Patrizia Grab
Druck und Bindung: GGP Media GmbH, Pößneck
Printed in Germany
ISBN 978-3-328-10420-9
www.penguin-verlag.de

Gabriele und Remigio gewidmet,
meinen Lehrern im Gebirge.
Und in Erinnerung an Chris McCandless,
meinen Leitstern.

Ich war in dem hohen Tag, der
jenseits der Tannen lebt,
ich lief über Felder und Berge
aus Licht
Ich überquerte tote Seen – und die gefangenen
Wellen flüsterten mir einen geheimen
Gesang zu
Ich ging weißen Ufern entlang und rief
die schlafenden
Enziane beim Namen
Ich träumte im Schnee von einer riesigen
begrabenen
Blumenstadt
Ich war auf den Bergen
wie eine stachelige Blume
und betrachtete die Felsen,
hohe Klippen
für die Meere des Windes
und besang für mich einen lange vergangenen
Sommer, der mit seinen bitteren
Alpenrosen
in meinem Blut aufloderte

Antonia Pozzi, *Schneewehen*

Winter

Vor ein paar Jahren erlebte ich einen schwierigen Winter. Die Gründe dafür sind jetzt nicht wichtig. Ich war dreißig und fühlte mich kraftlos, verloren und niedergeschlagen, wie wenn ein Unternehmen, an das man geglaubt hat, kläglich gescheitert ist: eine Arbeit, eine Beziehung, ein gemeinschaftliches Projekt, ein Buch, das mich Jahre der Mühe gekostet hatte. Mir eine Zukunft vorzustellen, kam mir in diesem Moment ungefähr so abwegig vor wie eine Reise anzutreten, wenn man Fieber hat, es draußen regnet und dazu der Tank leer ist. Ich hatte alles gegeben, wo blieb nun mein Lohn? Die Tage verbrachte ich in Buchläden, Eisenwarenhandlungen, in der Osteria bei mir gegenüber und im Bett, wo ich durch das Dachfenster den weißen Himmel von Mailand betrachtete. Vor allem aber schrieb ich nicht, und das ist für mich, als würde ich nicht schlafen oder essen: Eine solche Leere hatte ich noch nie erlebt.

Das Lesen von Romanen war mir in diesen Monaten zuwider, dafür faszinierten mich die Geschichten von

Menschen, die aus Weltverdrossenheit in der Natur Einsamkeit gesucht hatten. Ich las *Walden* von Thoreau, *Mein erster Sommer in der Sierra* von John Muir, *Geschichte eines Berges* von Elisée Reclus. Diese Schriftsteller waren jung wie ich gewesen, als sie von der Zivilisation Abschied genommen hatten, um sich in die Wälder zurückzuziehen. Besonders beeindruckt war ich von Chris McCandless' Reise, die Jon Krakauer in seinem Buch *In die Wildnis* erzählt. Vielleicht weil Chris kein Philosoph des 19. Jahrhunderts war, sondern ein junger Mann meiner Zeit, der mit zweiundzwanzig Stadt und Familie, dem Studium und den nach westlichen Maßstäben brillanten Zukunftsaussichten den Rücken gekehrt und sich auf einen einsamen Streifzug begeben hatte, der letztlich in Alaska mit dem Hungertod endete. Als seine Geschichte bekannt wurde, verurteilten viele seine Entscheidung als allzu idealistisch, sprachen von Realitätsflucht oder gar Selbstzerstörungstrieb. Ich fühlte, dass ich ihn verstand und eigentlich bewunderte. Chris hatte keine Zeit mehr gehabt, ein Buch zu schreiben, falls das je seine Absicht gewesen war, so oder so werden wir seine wahren Gedanken nie erfahren. Aber er liebte Thoreau und hatte sich sein Manifest auf die Fahnen geschrieben: »Ich zog in den Wald, weil ich den Wunsch hatte, mit Überlegung zu leben, dem eigentlichen, wirklichen Leben näherzutreten, zu sehen, ob ich nicht lernen konnte, was es zu lehren hatte, damit ich nicht, wenn es zum Sterben ginge, einsehen müsste, dass ich nicht gelebt hatte. Ich wollte nicht *das* leben, was nicht Leben war; das Leben ist so kostbar. Auch wollte ich keine Entsagung üben, außer es wurde unumgänglich notwendig. Ich wollte tief leben, alles Mark des Lebens aussaugen, so hart und spartanisch leben, dass alles, was nicht Leben war, in die Flucht geschlagen wurde. Ich wollte einen breiten Schwaden dicht am Boden mähen, das Leben in die Enge treiben und auf seine einfachste Formel reduzieren; und wenn es sich als gemein erwiese, dann wollte ich seiner ganzen unverfälschten Niedrigkeit auf den Grund kommen und sie der Welt verkünden.«

Ich war seit zehn Jahren nicht mehr in den Bergen gewesen. Davor hatte ich zwanzig Sommer dort verbracht. Für mich Stadtkind, aufgewachsen in einer Wohnung in einem Viertel, in dem es nicht möglich war, mal eben raus in den Hof oder auf die Straße zu gehen, waren die Berge der Inbegriff von Freiheit. Ich hatte gelernt, mich, anfänglich etwas unbeholfen und später mit großer Selbstverständlichkeit, im Gebirge zu bewegen, so wie andere Kinder das Schwimmen lernen, wenn ein Erwachsener sie ins Wasser wirft. Mit acht hatte ich angefangen, Gletschertouren zu machen, mit neun im Fels zu klettern, und mit sechzehn zog ich alleine los und fühlte mich auf den Gebirgspfaden deutlich wohler als auf den Straßen meiner Heimatstadt. Zehn Monate im

Jahr steckte ich in adretten Kleidern und einem autoritären System von Regeln, die es zu befolgen galt. In den Bergen löste ich mich von all dem und ließ meiner Natur freien Lauf. Es war eine andere Freiheit als jene, zu reisen und Menschen kennenzulernen, oder nächtelang zu trinken, singen und mit Mädchen herumzuflirten, oder Gefährten zu finden, mit denen man zu großen Abenteuern aufbrechen will. All diese Freiheiten schätze ich, und mit zwanzig war es mir auch wichtig, sie gründlich auszukosten, aber mit dreißig hatte ich fast vergessen, wie es sich anfühlt, allein im Wald zu sein oder nackt in einen Fluss einzutauchen oder ganz oben über einen Grat zu laufen, über dem es nur noch den Himmel gibt. Diese Dinge hatte ich früher getan, und meine Erinnerungen daran gehören zu den glücklichsten. Ich empfand den jungen urbanen Mann, zu dem ich geworden war, als das genaue Gegenteil dieses wilden Burschen, und so entstand in mir der Wunsch, diesen wieder aufzuspüren. Es war weniger das Bedürfnis wegzugehen als zurückzukehren. Nicht eine unbekannte Seite von mir zu entdecken, sondern in mir etwas Ursprüngliches wiederzufinden, das mir, wie ich fühlte, abhandengekommen war.

Ich hatte ein wenig Geld gespart, genug, um ein paar Monate ohne Arbeit über die Runden zu kommen. Nun suchte ich nach einem möglichst hoch gelegenen Haus fernab besiedelter Gebiete. Weite Wildnis gibt es in den Alpen nicht, aber für das, was mir vorschwebte, brauchte es kein Alaska. Im Frühling fand ich das Passende, in einem Tal nicht weit von jenem, das ich aus meiner Kindheit kannte: eine Hütte aus Holz und Stein auf zweitausend Metern Höhe, wo die letzten Nadelwälder den Sommerweiden weichen. Den Ort selbst kannte ich nicht, aber die Landschaft war mir vertraut, weil ich als Teenager die andere Seite der Berge durchstreift hatte. Die Hütte war etwa zehn Kilometer von der nächsten Ortschaft und wenige Minuten von einem Dorf entfernt, das sich sommers und winters bevölkerte, aber am dreißigsten April, als ich ankam, war niemand da. Die Wiesen waren noch im Winterschlaf, in den Braun- und Ockertönen der Schneeschmelze. Gipfel und schattige Täler waren schneebedeckt. Ich ließ das Auto am Ende der asphaltierten Straße stehen. Mit geschultertem Rucksack stieg ich auf dem Saumpfad durch einen Wald und dann über eine verschneite Weide hoch, bis ich zu einer Gruppe von Häusern kam, die bis auf eines – das renovierte, das ich gemietet hatte – alle eingestürzt waren. Vor der Haustür blickte ich mich um: nichts als Wald, Viehweiden und verlassene Ruinen. Am Horizont die Berge, die das Aostatal im Süden Richtung Gran Paradiso abschließen. Ein Brunnen aus einem ausgehöhlten Baumstamm, die Überreste einer Trockenmauer, ein gurgelnder Wildbach. Das würde nun für einige Zeit meine Welt sein, für wie lange, hatte ich noch nicht festgelegt, weil ich nicht wusste, was sie mir bereithalten würde. An diesem Tag war der Himmel dumpfgrau, es war ein frostiger, lichtloser Morgen. Ich hatte nicht die Absicht, mich zu quälen: Falls mich hier oben Gutes erwartete, wollte ich bleiben, möglich war aber auch, dass mich eine noch tiefere Verzweiflung befallen würde, und dann wollte ich fliehen. Ich hatte Bücher und Notizhefte im Gepäck. Meine Hoffnung war, dass ich irgendwann wieder zu schreiben anfangen würde. Aber jetzt war mir kalt, ich musste einen dicken Pullover anziehen und ein Feuer anzünden, und so stieß ich die Tür auf und betrat mein neues Zuhause.

Häuser

Wenn man im Frühling eine Hütte zum ersten Mal wieder betritt, hat das etwas Rührendes. Ich riss die Türen der Zimmer auf, die monatelang geschlossen gewesen waren, mit dem Frost als einzigem Gast, die Dachluken vom Schnee verdunkelt. Mit dem Finger fuhr ich über den Tisch, den Stuhl, das Wandbord, überall Staub, im Kamin vergessene Asche. Ob die Häuser fühlen, wie die Zeit vergeht? Oder ist ein Winter für sie wie ein einziger Augenblick? Ich dachte an jenen Tag vor zehn Jahren zurück, als ich zum letzten Mal durch eine andere Tür hinausgegangen war, nachdem ich alles noch einmal lange angesehen hatte. Den Eindruck einer Rückkehr verdankte ich jetzt nicht der Sehkraft, sondern dem Geruchsinn, es war der Duft nach Holz und Harz, der mir das beruhigende Gefühl gab, wieder zu Hause zu sein. Ich fragte das Haus: War der Winter sehr hart? Und stellte mir vor, wie es in Januarnächten, wenn die Temperatur auf unter zwanzig Grad sinkt, gestöhnt und geknarrt haben mochte und wie es später die fahle Märzsonne genoss, die warmen Mauern, den von den Dachrinnen tropfenden Schnee. Falls es die Bestimmung eines Hauses ist, bewohnt zu werden, empfand es auf seine Art vielleicht Glück, dass nun wieder ein Mensch mit seinem Holz hin und her ging, im Kamin und im Ofen Feuer machte, sich in der Küche die Hände wusch. Hinter den Wänden zirkulierten wieder kaltes, felsiges Wasser und Feuer, wie Saft in einem Baum und Blut in einem Körper.

In der Erzählung *Meine vier Häuser*, die ich sehr mag, blickt Mario Rigoni Stern anhand der Häuser, die er bewohnte, auf die verschiedenen Phasen seines Lebens zurück. Nicht alle dieser Häuser waren real: Man bewohnt ein Haus auch, indem man es sich ausdenkt oder aus den Erinnerungen anderer ausleiht. Das erste war ein verloren gegangenes Haus, nämlich der historische Familiensitz der Sterns, nach vierhundert Jahren dem Ersten Weltkrieg zum Opfer gefallen. Der 1922 geborene Mario kannte das Haus dank der Erzählungen der Alten, hatte es aber nie mit eigenen Augen gesehen. Er bedauerte, nicht dort aufgewachsen zu sein: Es war das Bindeglied zwischen seiner Familie und dem heimatlichen Grund, stand für das Gefühl von Vaterland, das für die Bewohner der Berge nicht mit einer Nation identisch ist, sondern mit einer Sprache einhergeht, mit den Bezeichnungen für Dinge und Orte, dem Jahresablauf der Verrichtungen, der guten Art, etwas zu tun.

Das zweite Haus, das seiner Kindheit, war real und voller geheimer Winkel, wie es die Häuser sind, in denen wir Kind waren, mit Geschichten in der Küche und einem zum Rückzugsort und Land der Abenteuer erwählten Dachboden.

Das dritte war ein imaginäres Haus: 1945 in einem Konzentrationslager interniert, hatte Mario ein Blatt Papier und einen Bleistift gefunden und lange Hungertage damit verbracht, eine Hütte zu entwerfen. Er stellte sie sich auf einer Lichtung im Gebirge vor, wo er von Jagd, Büchern und Einsamkeit leben würde, um vom Krieg zu genesen – wie Hemingways Nick Adams in *Großer doppelherziger Strom*. Die Zeichnung bewahrte ihn lange Zeit davor, zu verzweifeln.

Das vierte schließlich war ein Haus mit Gemüsegarten und Holzschuppen – vor den Fenstern Wald, Bienenstöcke, von Rehen besuchte Wiesen –, das er wirklich baute und in dem er fünfzig Jahre lebte, »zusammen mit meiner Frau, meinen Büchern, meinen Gemälden, meinem Wein, meinen Erinnerungen«.

Vermutlich fühlt man einen großen Frieden in sich, wenn man in einem selbst erbauten Haus wohnt. Meine Hütte war vor etwa zweihundert Jahren von Hirten als Alpunterkunft für Vieh und Mensch errichtet worden. Es gab nur zwei Zimmer: Unten, wo einmal der Stall gewesen war, hatte ich jetzt mein Schlafzimmer mit Schrank, Kommode, Ofen. Oben waren die Küche, der Kamin, das

Sofa, ein Tisch mit zwei Sitzbänken und einem Stuhl. Ich fuhr mit den Fingern über die Steinmauern, die seit ihrer Erbauung unverändert geblieben waren – wie viele Hände, wie viel Holzrauch, tierische Atemluft, Dampf von Polenta und Milch waren wohl schon darübergestrichen? Hier und da steckte zwischen zwei Steinen ein dicker Nagel oder ein angekohltes Holzstöckchen. Was hatte man da aufgehängt, wer hatte sie in die Wand geschoben? Das Haus war voller Gespenster, aber sie machten mir keine Angst: Mir war fast, als würde ich mit all diesen früheren Bewohnern zusammenleben, sie durch diese Räume und Dinge kennenlernen.

Das Haus, in dem ich die Sommer der Kindheit verbrachte, war 1855 als Hotel erbaut worden, aber zu meiner Zeit bereits baufällig. Ich hatte ein paar Ansichtskarten aus seinen goldenen Jahren gefunden. Es stand außerhalb des Dorfs, am Ende einer Allee aus Jahrhundertbuchen, die auf den Fotos noch frisch gepflanzte Sträucher waren. Die Piemonteser Bourgeoisie orientierte sich am angelsächsischen Mythos. Auf den Wiesen, über die ich rannte, hatten hundert Jahre früher Gentlemen Krocket gespielt, während die Damen mit ihren kleinen Sonnenschirmen lustwandelten. Ein Schild auf dem abblätternden Verputz der Fassade erinnerte an einen Aufenthalt der Königin Margarethe von Savoyen. Die Autowerkstatt war einst ein Ballsaal gewesen und ihr überwuchertes Dach eine Terrasse, auf der man den Nachmittagstee servierte. Das Hotel war bis in die Dreißigerjahre in Betrieb gewesen, aber im Krieg hatten es die Deutschen geplündert und danach verkauft, und fünfzig Jahre später sah es aus wie ein baufälliges Schloss mit glorreicher Vergangenheit. Es gehörte zwei alten Schwestern, die dort Unterkünfte eingerichtet hatten und mit der Sommervermietung etwas Geld verdienten, während es in den anderen Monaten geschlossen war. Da es weder instand gehalten noch geheizt wurde, kamen jeden Winter neue Schäden dazu. 1986 versetzte ein Aprilschnee dem Haus den Gnadenstoß: Eine Lawine riss einen Teil des Gebäudes mit sich, und ein ganzer Flügel wurde als einsturzgefährdet deklariert. Im folgenden Sommer bildeten sich in den noch stehenden Mauern große Risse, und mit den Jahren wucherten Brennnesseln auf den Trümmern, die nie jemand weggeräumt hatte. Aber lebhafter als die Ruine ist mir meine Verblüffung über den Schnee in Erinnerung geblieben, den ich Anfang Juli vorfand, kalt und hart, sodass wir noch wunderbar darauf rodeln konnten. Dieser Sommer blieb für immer als der *Sommer der Lawine* in Erinnerung.

Wenn ich aus der Stadt anreiste, hatte ich das Gefühl, in eine andere Zeit einzutauchen. In die Zeit, als die Spülbecken in den Küchen aus Steingut waren und die Wannen und Waschschüsseln in den Badezimmern aus Emaille. An der Zimmerdecke der Mansarde, in der ich schlief, waren zwei Frauennamen eingeritzt: Angela und Maddalena. Ich wusste, dass zu Zeiten des Hotels Bedienstete in diesen Zimmern gewohnt hatten, und so fragte ich mich immer, ob Angela und Maddalena zwei Kammermädchen im Dienst irgendeiner Hofdame gewesen waren oder ob sie einfach nur ein wenig älter als ich und ein paar Jahre vor mir da gewesen waren. Ob Häuser eine Seele haben, weiß ich nicht, aber was mich betrifft, habe ich einen Teil der meinen in dem Haus gelassen: Ab 1979 verbrachte ich etwa zwanzig Sommer dort, zwei Monate im Jahr. Mit dem Ende des 20. Jahrhunderts kam auch das Ende des alten Hotels. Es wurde verkauft, abgerissen, und an seiner Stelle entstand ein Mehrfamilienhaus. So sind von diesem Ort »nur noch meine Worte geblieben«, wie Mario Rigoni Stern es ausdrückt.

Die Schneeflecken auf der Weide gegenüber erinnerten mich an den Sommer der Lawine. Obwohl sie im Schutz des Waldschattens lagen, schmolzen sie jeden Tag ein wenig mehr. Über die schwarze, feuchte Erde, über Gras, das wie verbrannt aussah, flossen Bächlein die Wiese hinunter. An den Schneerändern pickten Vögel mit weißem Bauch und dunklem Rücken. Ich hatte mir ein Bestimmungsbuch besorgt und war fast sicher, dass es sich um Schneefinken handelte: »Suchen in von Schmelzwasser durchtränkter Erde nach Insektenlarven«, stand da, »und nisten in Felshöhlen oder an Hüttenmauern«. Tatsächlich hatte ein Paar sein Nest direkt über dem Firstbalken meiner Hütte gebaut, in dem geschützten, dunklen Winkel zwischen Balken und Dach. Sie flogen zwischen der Wiese und dem Nest hin und her und leisteten mir beim Mittagessen am Tisch vor dem Fenster Gesellschaft.

Jeden Nachmittag kam dichter Nebel auf: Ich sah, wie er über Wiesen und Wälder aus dem Tal hochstieg, um schließlich alles einzuhüllen. In diesem weißen Mantel blieb ich, bis es dunkel wurde. Abends weder Mond noch Sterne, dafür setzte Schneeregen ein, wenn ich zu Bett ging.

Das Einschlafen fiel mir schwer. Ich war die Höhe nicht gewohnt, mein Herz pochte, und mir war, als schlüge eine Trommel in meiner Brust. Geräusche sind anders als Gerüche, es dauert lange, bis sie einen in den Schlaf wiegen, bis man nicht mehr bei jedem neuen Laut aufschreckt. Und so starrte ich nachts mit aufgerissenen Augen an die Zimmerdecke und dachte: Das ist die Glut im Kamin. Das ist der Motor des alten Kühlschranks, der sich in Gang setzt. Das ist der Regen auf dem Steindach. Und was sind das draußen für Schritte, um drei Uhr früh? Sie umkreisten das Haus, zögerten vor der Tür, und in der Stadt hätte man sofort an einen Dieb gedacht. Im Gebirge musste ich meine rationalen Kräfte aktivieren und mir sagen, dass es sich bei diesem Besucher nur um ein Wildtier auf Nahrungssuche handeln konnte. Es nützte wenig: Ich brachte für den Rest der Nacht kein Auge zu, und im ersten Morgenlicht gab ich auf und stellte Kaffee auf die Flamme.

Topografie

Elisée Reclus, ein anarchistischer Geograf des 19. Jahrhunderts, der wegen seiner Ideen lange in der Verbannung leben musste, schrieb einmal: »Von jeder Spitze, jeder Schlucht, jeder Flanke aus offenbart die Landschaft neue Aspekte, zeigt sich in einem anderen Profil. Für sich allein schon ist der Berg ein ganzer Gebirgszug; genau wie mitten auf dem Meer jede Woge aus einer Unzahl kleiner Wellen besteht. Um den Aufbau des ganzen Berges zu erfassen, muss man ihn studieren, ihn kreuz und quer durchwandern, jede Höhe erklimmen, die kleinste Klamm erkunden. Wie jedes Ding ist er unerschöpflich für den, der ihn zur Gänze kennen will.«

In diesem Geist nahm ich meine Erkundungstouren auf. Ich stieg den Weg bei der Hütte weiter hoch, um zu sehen, wohin er führte. Zuerst durchquerte ich einen Lärchenwald. Hohe, nackte Stämme wechselten sich ab mit dem Grün der einen oder anderen Jungtanne. Wenig weiter oben lichteten sich die Bäume. Auf den sonnenreichen Weiden sprossen schon die ersten Krokusse, aber kaum gelangte ich vom Südhang auf einen Westhang, wurde das Gras von Schnee abgelöst. Überall sprudelte Wasser hervor, als hätte der Berg sich damit vollgesogen. Es kam aus einem Loch zwischen Steinen, aus den freiliegenden Wurzeln einer Lärche. Nach einer Wegbiegung Richtung Norden versank ich bis zu den Hüften im Schnee, und als ich mich wieder aus dem Loch befreit hatte, beschloss ich zurückzukehren. Wie ein Yeti brüllend, sprang und hüpfte ich bergab. So weit, dass ich mit mir selbst geredet hätte, war ich noch nicht, ich sang aber gern laut vor mich hin. Seit einer Woche hatte ich keine Menschenseele mehr gesehen, und mit dem Singen leistete ich mir selbst Gesellschaft.

Ich hatte erwartet, dass sich das Gefühl der Einsamkeit mit der Zeit verstärken würde, doch das Gegenteil war der Fall: Nach den ersten, etwas orientierungslosen Tagen gab es nun unzählige Dinge, die ich tun wollte: meine Landkarte des Gebiets vergrößern, Tiere und Blumen katalogisieren, im Wald nach Holz suchen, die Wiese rund um die Hütte säubern. Die Schneeschmelze förderte Überraschungen zutage: den Schädel eines Murmeltiers, die Kohle eines Lagerfeuers, die Spurrillen eines Traktors. Die Höhle einer eben aus dem Winterschlaf aufgewachten Maus machte mir Mut – wenn sie sechs Monate unter dem Schnee überlebt hatte, würde meine Saison unter der Sonne ein Kinderspiel sein.

Was die Landkarte betraf, begann sie direkt vor der Haustür und dehnte sich aus, je mehr ich draußen entdeckte. Mein Vorgehen: Erkundungstouren, Lektüren, archäologische Funde und unsichere Schlussfolgerungen. Das winzige Dorf, in dem ich wohnte, zuoberst in einem kleinen Tal, durch das ein namenloser Bach floss, hieß Fontane. Von den vier aufgereihten Hütten bewohnte ich die erste, mit einer nach Süden ausgerichteten Fassade. Einst, als diese Alphütten noch genutzt wurden, hatte vom Ort her ein Saumpfad hinaufgeführt. Er war in den Hang gegraben worden und durch Trockenmauern begrenzt gewesen, damit das Vieh unterwegs nicht in die Weiden eindrang. An manchen Stellen war er noch sichtbar: eine Schneise am Waldrand, einen Meter breit, hier und da seitlich ein Haufen weißer Steine, die die früheren Hirten mit Hammer und Meißel in rechteckige Form gebracht hatten. Der Bach etwas unterhalb des Dörfchens, dem dieses seine Existenz verdankte, war zu kurz, um einen Namen zu haben: Ich maß ihn mit Schritten aus und kam gerade mal auf hundert. Mitten auf der Weide sprudelte er aus einer Quelle hervor und mündete kurz danach in einen anderen Wildbach. Er floss über feinen, weiß und blau schimmernden Schotter, einem Flussbett unglaublich ähnlich. Am Bach standen vier Ableger der Hütten, kleine Steinbauten, in die man früher nach dem Melken die Milch getragen hatte. Das fließende Wasser kühlte sie, und der Rahm, aus dem dann Butter gemacht wurde, setzte sich an der Oberfläche ab. Jetzt stand in meinem Steinbau anstelle von Milch ein elektrischer Kompressor, der Wasser aus dem Bach zog und zu mir ins Haus pumpte. Auch wenn ich wie jeder Stadtmensch einfach den Wasserhahn aufdrehte und dabei nach Belieben die Temperatur einstellte, um mir die Hände zu waschen und zu trinken, blieb mir doch immer bewusst, dass das Wasser von dort kam, aus dem weißen und blauen Schotter mitten im Gras, und nachts hatte ich das Gefühl, den Reif zu schmecken.

Vor vielen Jahrhunderten hatte man die quellenreiche und sonnige Gegend entwaldet, von Steinen befreit und wo nötig terrassiert, zunächst um Roggen anzubauen und Kühe weiden zu lassen, später um Skipisten anzulegen. Bis in die Fünfzigerjahre hinein stieß man hier kaum noch auf Bäume oder ein Wildtier. Eine Begegnung mit einem Reh oder einem Murmeltier war ein Glücksfall und bedeutete ein wenig Fleisch in einem Speiseplan aus Polenta und Kartoffeln. Ich habe alte Fotos gesehen, auf denen die Anbauflächen bis in unglaubliche Höhen vordringen und das ganze Gebirge wie ein gepflegter Park aussieht. In der Nachkriegszeit hatte man das Land in der Höhe nach und nach aufgegeben, und der Wald hatte sich wieder ausgebreitet. Der bei der Hütte war vor rund fünfzig Jahren gepflanzt worden: Die Lärchen waren relativ jung, alle etwa gleich groß, und standen so weit auseinander, dass unter ihnen weiterhin Gras wuchs. In den Siebziger- und Achtzigerjahren hatte man einen Teil dieser Bäume schließlich wieder abgeholzt, um Platz für die Pisten zu schaffen, die die Bergflanken wie Lawinenrinnen durchschnitten. Skiliftmasten tauchten auf, holprige Hänge wurden eingeebnet. So hatte der Ort sein heutiges Aussehen erhalten.

Warum mich diese Geschichte so interessierte? Weil ich mir etwas ganz Einfaches immer wieder vor Augen halten wollte: dass diese Landschaft aus Bäumen, Wiesen, Wildbächen und Steinen um mich herum, so authentisch und wild sie auch wirkte, in Wirklichkeit das Produkt jahrhundertelanger menschlicher Arbeit war, etwas genauso Erschaffenes wie eine Stadt. Ohne Menschen hätte dort nichts die Gestalt angenommen, die es nun hatte. Nicht einmal der Bach und die majestätischen Bäume. Selbst die Wiese, auf die ich mich in die Sonne legte, wäre ein dichter, undurchdringlicher Wald gewesen, mit umgestürzten Stämmen und abgebrochenen Ästen, moosbewachsenen Felsblöcken und einem dichten Unterholz aus Wacholder, Heidelbeeren und schlingenden Wurzeln. In den Alpen gibt es keine *Wilderness*, es gibt nur eine lange Geschichte der Anwesenheit des Menschen und inzwischen auch eine Phase der Abwanderung. Manche leiden unter der Abwanderung wie unter dem Tod einer Zivilisation, mir hingegen bescherte es Freude, wenn ich auf eine vom Unterholz verschlungene Ruine stieß oder auf einen Baum, der aus einem ehemaligen Kornfeld herauswuchs. Aber es war ja auch nicht meine Geschichte, die da verschwand. Ich träumte von einer Rückkehr der Wölfe und Bären, aber ohne dass ich da Wurzeln oder etwas zu verlieren gehabt hätte, wenn der Berg sich endlich vom Menschen befreite.

Meine Erkundungstouren waren eine Art Forschung, ein Versuch, die Geschichten zu lesen, die in die Landschaft eingeschrieben waren. Weniger poetisch ausgedrückt: Ich sammelte Abfälle. Ein alter, morscher Holzeimer, halb versunken im Misthaufen, ein rostiges Türschloss. Mich interessierte die Geschichte der Menschen – warum hatte beispielsweise die Hütte hinter der meinen diesen Anbau? Waren die Zeiten irgendwann besser gewesen, und die Familie brauchte einen größeren Stall? Es war die größte Hütte von allen, aber auch die schlichteste. Winzige Fenster, drei wackelige Bretter als Balkon. Die dritte Hütte hatte einen umgekehrten Grundriss, die Fassade war nach Norden ausgerichtet. Es musste auch hier einen guten Grund gegeben haben, auf die Sonne zu verzichten: vielleicht Grenzstreitigkeiten? Die vierte Hütte war die gepflegteste, vielleicht auch die neuste. Sie hatte einen kleinen, ansatzweise dekorierten Balkon, Fenster mit Scheiben und an den

Außenmauern sogar Verputz: eine grobe Masse mit einigen Buckeln, in einem schmutzigen Weiß, das mir sehr gefiel. Draußen gab es zwei windschiefe Gehege, für Hühner, Kaninchen oder irgendwelche anderen Haustiere. Da das Dörfchen an einem flachen Hang lag, überragte die weiße Hütte alle anderen, die umgekehrte, die mit dem großen Stall und meine, deren Aussicht dafür unverbaut war.

Wenn ich die Hütten betrachtete, fragte ich mich manchmal, ob es wirklich eine Zeit gegeben hatte, in der Fontane bewohnt gewesen war. Ich konnte es mir kaum vorstellen – schon als Kind hatte ich in den Bergen immer nur Ruinen gesehen. Die Gegenwart dort im Gebirge kam mir vor wie ein Haufen uralter Scherben, die sich nicht mehr zusammenfügen ließen. Man konnte sie nur noch in den Händen drehen und raten, was ihr Zweck gewesen war, wie ich es tat, wenn ich einen Stein verschob und darunter einen Holzgriff, einen großen krummen Nagel, ein Knäuel aus Eisendraht fand.

Es war ein wenig lächerlich, aber jede der vier Hütten hatte eine Hausnummer. Irgendein Gemeindebeamter musste einst den Auftrag bekommen haben, jedes Gebäude zu registrieren, und so besaßen auch die am Berg verstreuten Ruinen alle ein Schild mit einer Hausnummer. Meines war die Nummer eins. Eines Tages würde ich ins Tal absteigen und mir selbst eine Ansichtskarte schicken, Weiler Fontane N°1, und dann würde ich zurückkehren und warten, bis sich der Postbote den Weg hochquälte. Die Hütte mit dem Stall war die Nummer zwei, die umgekehrte die drei, die weiß verputzte die vier. Aber dort wohnten nur Siebenschläfer und Dachse, die ich manchmal hörte. Ich war die Bevölkerung und konnte wie Robinson auf seiner menschenleeren Insel proklamieren: »Dies alles gehört mir, ich bin der unbestreitbare Herr und König dieses Landes.« Ich war gleichzeitig der Prominente und der Heruntergekommene, der adlige Grundbesitzer und der treue Wächter, der Richter, der Wirt, der Säufer und der Dorftrottel: Mir standen so viele Ichs im Weg, dass ich abends manchmal einen Rundgang durch den Wald machte, um ein wenig allein zu sein.

Schnee

Als ich an einem Morgen Mitte Mai erwachte, schneite es. Auf den Wiesen blühten schon die Veilchen, aber um die Mittagszeit war rundherum alles weiß. Blitz und Donner, wie ein Sommergewitter, hatten den Winter zurückgebracht. Ofen und Kamin eingeheizt, verbrachte ich den ganzen Tag im Haus, las und sah aus dem Fenster. Auf dem Balkon maß ich die wachsende Schneeschicht: fünf, zehn, fünfzehn Zentimeter. Wie mochte es den Blumen, den Insekten und den Vögeln ergehen, die ich beobachtet hatte? Ich fand es irgendwie unfair, dass der Frühling unterbrochen worden war. In einer Erzählung, die ich wiederfand, teilt Rigoni Stern den Spätschnee in Kategorien ein: *Schwalbenschnee* im März, *Kuckucksschnee* im April, und der letzte hieß *Wachtelschnee:* »Eine von Norden her kommende Wolke, eine Windböe, ein Temperatursturz: Schon haben wir Maischnee. Er dauert nur wenige Stunden, aber lang genug, um den Vögeln im Nest Angst einzujagen, den Bienen, die außerhalb des Bienenstocks überrascht worden sind, den Tod zu bringen und die trächtigen Rehweibchen kurz vor dem Gebären in Unruhe zu versetzen.«

Um sieben Uhr abends klärte sich der Himmel auf, und die weiße Fläche wurde blendend hell, weil die Sonne kurz vor der Dämmerung noch zwischen den Wolken hervorbrach. Ich zog Jacke und Schuhe an und ging nach draußen, um einen Rundgang zu machen. Im Schnee erkannte ich verschiedene Tierspuren: ein Hase und ein Rehpaar. Ich beschloss, Ersterem zu folgen, und fühlte mich wie Alice im Wunderland mit dem weißen Kaninchen. Die V-förmigen Abdrücke begannen bei einem Wacholderbusch am Saumpfad und führten in Sprüngen vorwärts. Erst folgten sie ein Stück dem Weg, dann steuerten sie zu meinem Erstaunen auf die Hütte zu: Der Hase hatte die alte Lärche umrundet, am Brunnen getrunken und war sogar auf meinen Tisch auf der Wiese gehüpft. Es gab darauf nur einen einzigen Abdruck – der Hase war hinauf- und mit dem nächsten Satz gleich wieder hinuntergesprungen. Ich stellte mir vor, wie er sich umgeschaut und die Zeichen meiner Anwesenheit interpretiert haben mochte, den Rauch, der aus dem Schornstein stieg, die Hippe und die Säge an der Wand neben dem Holzschuppen. Schließlich war er über den Zaun gesprungen und hatte sich in Richtung Wildbach davongemacht. Auf die Fährte war kein neuer Schnee mehr gefallen: Er hatte mich also besucht, während ich meinerseits ihm auf der Spur gewesen war.

Während es schneite, hatte ich einen heftigen Knall gehört, wie ein ganz naher Donner. Als ich später im Wald nachsah, stieß ich auf eine umgestürzte Lärche. Der Stamm war in drei Metern Höhe gebrochen, und die lange, unregelmäßige Bruchstelle zog sich weitere zwei Meter hoch. Es war merkwürdig, diesen Baum zu betrachten, der wehrlos, aber noch lebendig am Boden lag. Die triebreichen Äste steckten im Schnee, und ich hatte das Gefühl, ihn noch röcheln zu hören wie ein sterbendes Tier. Zum Verhängnis geworden waren ihm die im letzten Monat gewachsenen jungen Nadeln: Im Winter ist die Lärche nackt und hält kaum Schnee auf den Ästen zurück, jetzt hingegen hatten sich massenweise nasse, schwere Flocken im Gestrüpp ihrer Nadeln angesammelt. Und so hatte ein Baum, der eine lange Frostzeit überlebt hatte, dem unvorhergesehenen und fatalen letzten Maischnee nicht mehr standhalten können.

Ich ging um ihn herum und sah ein Vögelchen im Schnee. Es konnte sich kaum bewegen, vermutlich war es aus dem Nest gefallen, vielleicht von einem Ast des Baums. Als ich es aufhob, versuchte es in meiner Hand mit den Flügeln zu schlagen, dann beruhigte es sich oder war vielleicht vor Angst gelähmt, schwer zu sagen. Es war das erste lebendige Wesen seit Tagen, mit dem ich in Kontakt trat, und das rührte mich, ohne dass ich die damit bald schon einsetzende Trauerzeit vorausgesehen hätte. Ich fühlte in der Hand seinen beschleunigten Herzschlag, auf der Haut das Kitzeln seiner Krallen. Alles in Ordnung, sagte ich zu ihm, nur ruhig, ich kümmere mich um dich. Drinnen legte ich einen Stofffetzen in eine Kiste und setzte es hinein. Wie sah wohl der Speiseplan eines blutjungen Vögelchens aus? Wegen des Schnees konnte ich ihm nicht einmal Insekten oder Würmer suchen. Ich versuchte es mit Brotkügelchen und sah, dass es sie annahm. Es schluckte zwei hinunter und schlief dann ein. Aber der Hunger, der Schlaf gaukelten nur vor, dass es lebensfähig war. Als ich das nächste Mal nachsah, lag es auf einer Seite. Es atmete zwar noch, aber in einer gänzlich unnatürlichen Position, und die Augen machte es schon nicht mehr auf. Noch vor dem Eindunkeln war es tot, und ich brachte es zur umgestürzten Lärche zurück, wo es in der Nacht vielleicht einen Happen für einen Fuchs oder eine Krähe abgeben würde. Das fand ich angemessener, als es zu begraben.

In Gedanken immer noch beim Vögelchen, trank ich am nächsten Morgen gerade Kaffee und beobachtete, wie in der ersten Sonne der Schnee dahinschmolz, als ich sah, dass jemand den Weg hochkam. Ich stellte mich zum Empfang auf die Türschwelle, obwohl ich so aufgeregt war, dass ich ihm auch hätte entgegenlaufen können. Das Gefühl, wenn man nach einer Zeit völliger Einsamkeit Besuch bekommt, ist schwierig zu beschreiben. In meinem Fall waren es nur zwei Wochen gewesen, aber der Anblick einer sich nähernden Person löste Herzklopfen aus. Es war Remigio, mein Vermieter. Er wollte nachsehen, ob mir der Schnee Probleme bereitete und ob genug Holz zum Heizen da war. Ich wusste nicht, was er über meinen Aufenthalt im Gebirge dachte – bei unserer ersten Begegnung hatte ich ihm erzählt, dass ich schrieb und dass ich gekommen war, um an einem Buch zu arbeiten. Er hatte nicht besonders überrascht gewirkt. Ohne viel Worte hatte er mir die Hand gedrückt und die Schlüssel der Hütte überreicht.

Diesmal war er gesprächiger. Ich lud ihn zu einem Kaffee ein, und wir plauderten ein wenig. Er erzählte mir, dass er die Hütte vor etwa zehn Jahren eigenhändig renoviert hatte. Alte Häuser wieder instand zu setzen, war sein Beruf, er erzählte mit Leidenschaft davon. Als er die Bücher bemerkte, die ich mitgenommen hatte, wurde mir klar, dass er ein großer Leser war. Wir redeten über Erri De Luca und Mauro Corona, dann blätterten wir in meinen Bestimmungsbüchern für Wildtiere und Waldbäume, und schließlich gab ich ihm Rigoni Sterns Erzählungen und einen Film von Giorgio Diritti mit, *Der Wind zieht seinen Weg*, weil mich seine Meinung dazu interessierte. Es geht darin um einen Mann, der in die Berge zieht und von der Dorfgemeinschaft nicht akzeptiert wird. Remigio hörte mir aufmerksam zu. Ebenso sorgfältig wählte er beim Reden die Worte. Er wirkte etwas älter als vierzig, aber die gebräunte Haut und das graue Haar sorgten für den merkwürdigen Kontrast eines zugleich jungen und alten Mannes. Als ich ihn mit der Zeit besser kennenlernte, merkte ich, dass diese Definition gut passte.

Später kehrte er mit der Motorsäge zurück, und wir zersägten die umgestürzte Lärche. Vom Schnee des Vortags waren nur noch ein paar Flecken im Schatten übrig. Wir schichteten die Holzkloben an der westlichen Hüttenwand auf, ich würde sie gelegentlich spalten und zum Trocknen wieder stapeln. Falls der Sommer seine Aufgabe erfüllen würde, hätte ich im September gutes Brennholz und vielleicht einen Freund, mit dem ich das Vergnügen eines Feuers teilen konnte.

Gemüsegarten

Nach dem Holzvorrat wollte ich eine weitere Arbeit in Angriff nehmen. Die Idee ging mir schon eine Weile durch den Kopf, und den Ausschlag gab die Begegnung mit Remigio. Während ich an einem Morgen Ende Mai darauf wartete, dass er mit dem Werkzeug kam, baute ich eine Sitzbank: Ich nahm zwei große Steine aus den Überresten des Saumpfads und legte ein Brett darüber, das ich im Wald gefunden hatte. Es war vom Regen und der Sonne grau geworden und hatte hervortretende Adern, wie alte Menschen. Dann setzte ich mich und las in Thoreaus *Walden* das Kapitel über das Bohnenfeld: »Was diese stetige kleine Herkulesarbeit bedeuten sollte, weiß ich nicht. Ich fing an, meine Reihen, meine Bohnen zu lieben, obwohl ihrer so viele mehr waren, als ich brauchte. Sie banden mich an die Erde, und so empfing ich Kraft wie Antäus. Wozu ich sie aber pflanzte, das weiß nur der Himmel. Es war den ganzen Sommer durch meine sonderbare Beschäftigung, diesen Teil der Erdoberfläche, der bisher nur Fünfblattklee, Brombeeren, Johanniskraut und wild wachsende Beeren und zierliche Blumen hervorgebracht hatte, zu zwingen, jetzt diese Hülsenfrucht zu tragen. Was soll ich von den Bohnen lernen, oder was sie von mir? Ich liebe sie, ich hacke sie, früh und spät sehe ich mich nach ihnen um; und das ist meine Tagesarbeit.«

Von Thoreaus Worten betört, nahm ich die Wiese in Augenschein, die zum Wildbach hinunterführte. Direkt unterhalb des Brunnens identifizierte ich ein geeignetes Stück. Es war gute Erde, dank der Hirten jährlich gedüngt, mit Sonne von neun Uhr morgens bis acht Uhr abends, und das Wasser für die Bewässerung war auch nicht weit. Vor meinem geistigen Auge erschien schon das Rot der Tomaten und das Gelb der Zucchini, ich konnte es kaum erwarten, meine Karriere als Landwirt zu beginnen.

Remigio ließ die Farben in meiner Fantasie sofort verschwinden. Fruchtgemüse könne ich in dieser Höhe vergessen, erklärte er, es sei schon viel, wenn Blattgemüse wachse: Lattich, Kohl, Spinat, Mangold. Mit etwas Glück würde ich vielleicht auch ein paar kümmerliche Karotten ziehen können, Radieschen, Brokkoli, Lauch. Ob ich auch damit zufrieden sei? Ich antwortete, ich sei mit allem zufrieden. Dann startete ich zum ersten Mal in meinem Leben eine Motorhacke: einen kleinen motorisierten Pflug, ähnlich wie ein Motormäher, aber mit einer Klinge, die gut zehn Zentimeter in den Boden eindrang, die Scholle umbrach und grob zerhackte. Auf diese Weise pflügten wir ein Rechteck von drei auf vier Meter.

Das war nur der Anfang meiner Mühen. Nachdem die Kruste aufgebrochen war, verbrachte ich den restlichen Tag damit, die darunterliegende Erde zu hacken und zu harken. Ich entfernte Steine und riss Wurzeln aus, entdeckte, dass die freundlichen Blumen mächtige, unausrottbare Knollen hatten, die sich in der Tiefe versteckten, um den Frost zu überstehen. Die widerspenstigsten Schollen zerbröckelte ich von Hand. Später fuhr ich in den Ort, um Setzlinge zu kaufen. Als Schutz vor den Rehen errichtete ich sogar einen Zaun aus vier Lärchenpfosten. Ich zog einen robusten Maschendraht darum herum und war ganz glücklich über meinen hübschen kleinen Gemüsegarten, aber als ich mich schließlich setzte, um ihn zu bewundern, verschwand Thoreaus Stimme, und an ihrer Stelle klang mir die Musik von Fabrizio De Andrés *Suonatore Jones* in den Ohren, das Stück, in dem er sagt, in den Äckern schlafe die Freiheit. Plötzlich kamen mir die sechs Buckel aus gelockerter Erde wie Grabhügel vor. Unter ihnen lag meine Freiheit begraben. Und die Freiheit der Rehe. Und sogar die Freiheit der Wiese. Das deprimierte mich irgendwie, und so legte ich Hacke und Harke weg, nahm den Stock und beschloss, spazieren zu gehen.

Ich stieg höher denn je hinauf, und irgendwann verließ ich den Pfad, weil der ganze Schattenhang noch im Schnee lag. Kein Mensch war unterwegs: Die tief hängenden Wolken, der drohende Regen und der kalte Wind hatten die Wanderer ferngehalten. Ich stolperte ein frostiges Wäldchen hinunter, um auf der Sonnenseite, wo die Hänge schon schneefrei waren, wieder hochzusteigen. Nach dem Wald stieß ich auf einen Holzsteg und ein Dörfchen von etwa zehn Häusern am Ufer des Wildbachs. Bei fast allen war das Dach eingebrochen, und die bergseitige Mauer wölbte sich zu jenem typischen Bauch, der einem Einsturz vorausgeht. Obwohl alles so verwahrlost aussah, betrat ich eine der noch stehenden Hütten. In dem einzigen Raum fand ich ein Holzbett, eine Sitzbank, einen Schemel. Am Boden frischere Spuren: Konservendosen, große Weinflaschen, ein Hemd in Fetzen – der Abfall irgendeines Hirten, der im August dort sein Lager aufgeschlagen hatte. Es roch stark schimmlig, und so kehrte ich mit einem Gefühl der Erleichterung an die frische Luft zurück.

Ich stieg den Hang wieder hoch, erreichte den Gipfel einer Bergspitze und sah auf der anderen Seite endlich den See, von dem ich schon gehört hatte. Er war von einer Eisschicht bedeckt und von Schnee umgeben, nur an den abschüssigeren Ufern schaute der eine oder andere nackte Felsblock hervor. Ursprünglich hatte ich vorgehabt, bis zum See zu gehen, aber als ich ihn unter mir im Frost dieses schattigen Kessels sah, änderte ich meine Pläne. Ich legte mich hin, verschränkte die Hände unter dem Nacken und betrachtete die schweren Wolken. Zwischen ihnen sah man etwas Blau. Zwei Adler umkreisten einen Gipfel, vielleicht jagten sie Gäms- und Steinbockkitze, die im Mai noch frisch geboren sind. Die weniger erhabenen, schäbigeren Alpendohlen flogen über verlassenen Alphütten und suchten nach Essensresten oder dem Gerippe eines Säugetiers, das den Winter nicht überstanden hatte.

Dann kamen die beiden Adler näher und flogen etwas tiefer, und so merkte ich, dass es kein Paar war, sondern ein erwachsener Adler mit einem Jungtier. Offenbar wurde ich Zeuge einer Fluglektion. Der erwachsene Adler führte immer wieder ein kunstvolles Manöver vor: Zuerst verharrte er, getragen von einer Aufwärtsströmung, unbeweglich in der Luft, dann zog er plötzlich die Flügel ein, drehte sich in der Horizontale und stürzte unkontrolliert in die Tiefe. Es war wie die Nummer eines Flugakrobaten. Nach ein paar Metern entfaltete er die Flügel wieder und bremste den Fall ab, dann ließ er sich von der Strömung wieder auf die Ausgangshöhe zurücktragen. Der Jungadler sah aufmerksam zu, es war anzunehmen, dass bald er an der Reihe sein würde. War das erwachsene Tier die Mutter oder der Vater?

Auf dem Rückweg begann es wieder zu regnen, und der Schnee verkam zu Matsch. Ein idealer Wandertag. Aber mit meinen durchnässten Schuhen, dem feuchten Haar und dem Wind, der es zu Eis werden ließ, fühlte ich immerhin, dass die gute Laune allmählich zurückkehrte. Ich gelangte auf eine von Murmeltieren bevölkerte Lichtung, wo mich ein Konzert von Pfiffen und wilde Fluchtbewegungen empfingen. Eines der Murmeltiere schien mutiger zu sein als die anderen: Während seine Gefährten ins erstbeste Loch stürzten, verweilte dieses auf der Schwelle seiner Höhle und sah mich an. Bemüht, keine abrupten Bewegungen zu machen, näherte ich mich langsam. Als ich noch drei Meter von ihm entfernt war, schoss es ins Loch, ich blieb stehen, legte den Stock ab und setzte mich auf den Boden. Mir kam die Idee, ihm ein Lied zu singen, und da mir schon den ganzen Tag De André im Kopf herumschwirrte, entschied ich mich für dieses: *In un vortice di polvere gli altri vedevan siccità, a me ricordava la gonna di Jenny in un ballo di tanti anni fa.** Schon nach den ersten zwei Zeilen sah ich, dass sein Kopf wieder im Eingang auftauchte: Es hörte mir zu, schnupperte, versuchte zu verstehen, welche Art Feind ich war. Ich sang weiter: *Sentivo la mia terra vibrare di suoni, era il mio cuore; e allora perché coltivarla ancora, come pensarla migliore.* Manchmal verschwand das Murmeltier, aber die meiste Zeit schaute es mich an. Wer ist denn das? Was tut der da? *Libertà, l'ho vista dormire nei campi coltivati, a cielo e denaro, a cielo ed amore, protetta da un filo spinato. Libertà, l'ho vista svegliarsi ogni volta che ho suonato,*

per un fruscio di ragazze a un ballo, per un compagno ubriaco.
Ich sang ihm das Lied drei Mal nacheinander vor, und
das Murmeltier hörte sich alles an. Als ich aufstand, ver-
steckte es sich sofort, ich nahm den Stock und machte
mich wieder auf den Weg bergab in Richtung meines
kleinen Gemüsegartens.

Nacht

Nach wie vor schlief ich schlecht. Obwohl schon mehr als ein Monat vergangen war, wachte ich in der Nacht mit geschärften Sinnen auf, die Augen blind, aber die Ohren gespitzt und empfänglich für jedes Knarren des Holzes, jedes von außen hereindringende Rascheln. Ich habe nie ein gutes Verhältnis zur Dunkelheit gehabt. Als Kind fürchtete ich mich panisch davor, verbrachte ganze Nächte mit dem Gefühl einer drohenden Katastrophe. In der Stadt leisteten mir die Lichter der Straße Gesellschaft: Mein Fenster ging auf einen Boulevard, auf dem der Verkehrsstrom nie versiegte, und dank einer Spiegelung sah ich die Scheinwerfer der Autos über die Decke gleiten, das Gelb der Ampeln blinken, das Blau der Krankenwagen, das Grün einer Nachtapotheke. Manchmal waren ein Alarm oder eine Sirene zu hören, das helle Gezwitscher von Vögeln über dem unaufhörlichen Rauschen des Verkehrs. Es beruhigte mich, wenn ich unter mir das Leben fühlte, die Geräusche wiegten mich in den Schlaf.

In der Hütte überkamen mich wieder die kindlichen Ängste. Wenn der Mond unterging, war die Finsternis total, und es war so still, dass mir die Ohren, die kein Geräusch verpassen wollten, wehtaten. Ich konnte das Wasser im Brunnen hören. Den Wind, der die Lärchenwipfel schüttelte. Die Laute eines Rehs im Wald, die ganz anders sind, als man sich vorstellt, die nichts mit Blöken zu tun haben – es klingt eher wie heisere Hustenstöße, wie das Gebell eines stimmlosen Hundes. Sie waren das Wild und ich das Raubtier, aber in meinem Bett kehrte die Finsternis die Rollen um. Die ersten Lichtschimmer gegen fünf Uhr brachten die Erlösung – die Vögel begannen zu singen, in der Welt ging das Leben weiter, und ich brauchte nicht mehr wachsam zu sein. Und so fiel ich wie ein Wächter nach der Nachtschicht in einen dumpfen Schlaf, aus dem ich im Laufe des Vormittags benommen aufwachte.

Eines Abends zog ich mir daher zwei dicke Pullover über, füllte eine Trinkflasche mit Wein und packte den Schlafsack, um draußen zu übernachten. Eine Art Schocktherapie. Gegen neun zündete ich an der Mauer des Saumpfads ein Feuer an, spitzte ein paar Weidenäste zu und spießte daran Wurststücke auf. Anstelle von Brot hatte ich eine knusprige Piadina dabei, wie ich sie mir aus Wasser und Mehl selbst buk. Ein Feinschmeckermahl draußen am Feuer. Als die Wurst bereit war, streifte ich sie vom Spieß und begleitete jeden Bissen mit einem

Schluck Wein, dabei dachte ich an Hemingways Nick Adams, wie er, aus dem Krieg zurückgekehrt, zum ersten Mal wieder an einem Flussufer übernachtet, an das reine Vergnügen, das er nach so langer Zeit bei diesen einfachen Dingen empfindet. Um zehn, als es dunkel war, entrollte ich den Schlafsack und kroch hinein. Stellte fest, dass ich nicht müde war, und richtete mich wieder auf. Nach und nach legte ich das im Wald gesammelte Kleinholz ins Feuer, sah zu, wie es verbrannte, und trank den Wein fertig.

In dieser merkwürdigen Nacht kam mir die Erinnerung an eine andere, die vor vielen Sommern in einer Dorfbar ihren Anfang genommen hatte. Mein Vater und mein Onkel wetteiferten damals gerne miteinander. Sie sahen sich fast nie, aber wenn, dann verliehen sie ihrer Bruderliebe Ausdruck, indem sie einander wie Kinder herausforderten. Ich fürchte, diese Veranlagung geerbt zu haben. Nach dem Essen erzählte mein Vater von einem Berg in der Nähe, den man früher im Dunkeln bestieg, um vom Gipfel aus den Sonnenaufgang zu bewundern. Es waren etwa zweitausend Höhenmeter vom Dorf aus, fünf Stunden, wenn man zügig ausschritt. Pah, sagte mein Onkel, das schaffen wir locker. Das machen wir. Sie waren bei den Grappa-Runden angelangt, und ich war sechzehn und hatte ein großes Bedürfnis, meinen Mut zu beweisen. So ging ich mit. Wir hatten nicht daran gedacht, uns zu vergewissern, ob der Mond schien – er schien nicht. Um

Mitternacht wanderten wir los und verbrachten die erste Stunde damit, über Wurzeln und Steine zu stolpern, zu lachen, zu fluchen, uns mit der einzigen Taschenlampe, die wir dabeihatten, den Weg zu leuchten. Dann hörte der Wald auf, aber auch die Wirkung des Grappas verflog. Die beiden Brüder redeten nicht mehr, sie schnauften nur noch. Bestimmt hatten sie ausgetrocknete Kehlen und müde Beine, aber keiner wollte als Erster den Vorschlag machen, umzukehren. Kurz nach der Hälfte, etwa um drei Uhr, hörte man plötzlich inmitten der Wiesen eine Orgel. Dann sahen wir den Lichtschein eines Fensters. Es war kaum zu glauben, aber da spielte jemand nachts um drei in einer einsamen Hütte auf über zweitausend Metern Orgel. Wir waren müde und durchfroren. Um den Musiker nicht zu erschrecken, beschlossen mein Vater und mein Onkel, aus voller Kehle etwas zu singen, statt anzuklopfen. Sie waren selbst jetzt noch zu Späßen aufgelegt. Vor der Hüttentür stimmten sie einen Alpenkanon an, nach zwei Strophen brach die Musik ab, im Erdgeschoss ging Licht an, und der Besitzer machte uns auf. Er war um die sechzig und alles andere als erfreut über unseren Anblick. Obwohl er offensichtlich keine Lust auf Gesellschaft hatte, bemühte er sich, gastfreundlich zu sein, machte uns heißen Tee und lieh uns zwei Taschenlampen, ging aber nicht auf unsere Konversationsversuche ein, sondern wünschte uns viel Erfolg und begleitete uns zur Tür. Als wir schon ein Stück weiter waren, hörten wir, dass er wieder spielte. Schließlich erreichten wir tatsächlich den Gipfel, aber ich habe keinerlei Erinnerung an den Sonnenaufgang: Wenn wir drei uns über diese Episode unterhalten, kommen wir jedes Mal nur bis zur Begegnung mit dem geheimnisvollen Musiker. Wer war er? Wie hatte er die Orgel dort hinaufgeschafft? Vielleicht hatte er ebenfalls ein Problem mit der Finsternis. Damals hielt ich ihn für einen Exzentriker oder überhaupt für einen Verrückten auf dem Berg. Jetzt aber, an diesem Feuer, hätte ich mir gewünscht, ebenfalls ein Instrument zu spielen. Gitarre oder wenigstens Mundharmonika. Nur zu singen war nicht dasselbe.

Nach kurzem Schlaf – eine halbe Stunde, zwei, drei? – schlug ich die Augen wieder auf. Inzwischen stand der Mond am Himmel, und von meinem Feuer war nur noch ein Haufen glühender Kohle übrig. Der Schlafsack unter mir war nass vom Tau. Mein Nacken schmerzte wegen der schiefen Position, in der ich eingeschlafen war, deshalb stand ich auf, wusch mir am Brunnen das Gesicht und wurde vom nächtlichen eiskalten Wasser sofort wach. Ich war unschlüssig, ob ich ins Bett hinüberwechseln oder das Feuer neu entfachen und auf den Tagesanbruch warten sollte, der wohl bald bevorstand. Einmal mehr also das alte Bedürfnis, meine Männlichkeit unter Beweis zu stellen, um sagen zu können, dass ich eine Nacht im Freien verbracht hatte, am Feuer ausgestreckt wie meine Helden. Aber wenn ich selbst der zu bekämpfende Feind war, dann bestand der wahre Sieg vielleicht darin, das Rennen aufzugeben und unter die Decken zu kriechen.

Wie ich so überlegend auf den Stufen vor der Hütte saß, nahm ich auf der Wiese eine Bewegung wahr. Ich sah zu meinem Nachtlager hinüber und entdeckte neben dem Schlafsack das unverwechselbare Profil eines Fuchses. Spitze Schnauze, aufgestellte Ohren, ein buschiger Schwanz, so lang wie der Körper. Er hatte mich nicht bemerkt und beschnupperte auf der Suche nach Resten meines Abendessens den Boden rund um das Feuer, während ich reglos verharrte und hoffte, die Dunkelheit würde mich noch eine Weile verstecken. Der Fuchs scharrte neben der Glut in der Erde und leckte etwas auf, ein heruntergefallenes Stück Wurst oder nur etwas geronnenes Fett. Dann, vielleicht hatte ein Windstoß meinen Geruch zu ihm hinübergetragen, hob er unvermittelt den Kopf und sah mich. In seinen Augen spiegelte sich der Schimmer der Glut. Ich selbst war wohl nur ein Schatten im Dunkeln, und er brauchte einen Augenblick, um mich zu erkennen. Der Blick zwischen uns kam mir übertrieben lang vor. Der Fuchs erschrak nicht, vielleicht kannte er meinen Geruch schon seit vielen Nächten. Ohne Eile trabte er in der Finsternis davon. Ich holte meinen Schlafsack, hängte ihn über den Zaun und verkroch mich in mein Menschenbett.

Thoreau schreibt: »Ich finde es gesund, die meiste Zeit allein zu sein. Gesellschaft, selbst mit den Besten, wirkt bald ermüdend und zerstreuend. Ich bin unendlich gerne allein. Noch nie fand ich den Gesellschafter, der so gesellig war wie die Einsamkeit. Wir sind meistens einsamer, wenn wir hinausgehen unter die Menschen, als wenn wir in unserem Zimmer bleiben. Der denkende und arbeitende Mensch ist immer allein, sei er, wo er wolle. Die Einsamkeit wird nicht nach den Meilen der Strecke gemessen, die zwischen uns und unsern Mitmenschen liegen. [...]

Gesellschaft ist gewöhnlich zu billig zu haben. Wir treffen uns in zu kurzen Abständen, als dass wir Zeit genug gehabt hätten, neuen Wert füreinander zu erlangen. Wir kommen drei Mal täglich bei den Mahlzeiten zusammen und lassen den anderen immer wieder von dem schimmligen alten Käse kosten, der wir sind. Wir mussten übereinkommen, eine Reihe gewisser Regeln zu beobachten, die wir Etikette und Höflichkeit nennen, um diese häufigen Zusammenkünfte erträglich zu machen und nicht zu offenem Krieg zu kommen. Wir treffen einander auf der Post, bei ›gesellschaftlichen Anlässen‹ und am Kamin jeden Abend, wir wohnen dicht zusammengepfercht, sind einander im Weg, stolpern übereinander und verlieren, meine ich, einigermaßen den Respekt voreinander. [...]

Ich hörte einmal von einem Mann, der sich im Wald verirrt hatte und vor Hunger und Erschöpfung unter einem Baum starb, aber seine Einsamkeit wurde durch groteske Visionen aufgehoben, mit denen seine durch körperliche Entkräftung erkrankte Einbildungskraft ihn von allen Seiten umgab und die er für Wirklichkeit hielt. Ebenso können wir dank unserer körperlichen und geistigen Kraft und Gesundheit beständig durch ähnliche, aber normalere und natürlichere Gesellschaft erfreut werden und zu der Einsicht gelangen, dass wir nie allein sind.«

Nachbarn

Im Juni kamen die Hirten, und meine Einsamkeit nahm ein anderes Gesicht an. Sie kamen mit Lastwagen, großen Viehtransportern, die eines Tages am Ende der Straße auftauchten. Nervös von der Fahrt und vielleicht aufgeregt wegen all der blühenden Wiesen, stürmten die Kühe die Rampen hinunter, stießen sich mit den Hörnern, missachteten Weidegrenzen und versteckten sich im Dickicht der Tannen. Die Hirten ließen sie gewähren. Obwohl die Transhumanz inzwischen motorisiert war, trugen die Ältesten noch Samtwesten und Filzhüte, während die Jungen die Tracht durch lange, wasserdichte Schürzen ersetzt hatten. Alle Blicke waren auf die Berge am Horizont gerichtet, als müsste man sich erst wieder an das Panorama gewöhnen. Es war ein regelrechter Umzug – für vier Monate verlegte man mitsamt Vieh und Familie das Zuhause, um ein ganz anderes Leben als im Winter zu führen, weil der Sommer mehr Stunden Licht, mehr Zeit auf der Weide, mehr Gras, mehr Milch, mehr Arbeit bedeutete. Und doch drückten ihre Bewegungen sichtlich Freude aus. Sie erzählten sich in ihrem Dialekt Neuigkeiten und lachten viel. Es war, als hätte das Glück des Viehs die Menschen angesteckt, als bedeutete der Alpaufstieg auch für sie eine Rückkehr nach Hause und vielleicht an die Orte der Kindheit, sicher aber zu den Wurzeln ihres Berufs.

So hatte ich nun etwas zu beobachten, zusätzlich zu den Wolken, die in diesen Tagen endlose Regengüsse brachten. Nicht weit von meiner Hütte, am anderen Hang des Tälchens, in dem ich wohnte, lag die Alp einer Familie von Viehzüchtern. Anfang Juni herrschte auf meiner Seite das Gelb des Löwenzahns im seit einem Monat rasch wachsenden Gras vor. Auf der gegenüberliegenden Seite konnte ich, wenn ich morgens früh aufwachte, beobachten, wie der Vater die Grenzen der Weide verschob, die Pfosten jeden Tag um ein paar Meter versetzte, um das Futter zu rationieren. Kurz darauf öffnete der Hirtensohn die Stalltüre, und sieben junge Kälber und etwa dreißig erwachsene Kühe stürzten hinunter zum neuen Streifen Weide. Die meisten Kühe gehörten der Rasse Valdostana pezzata an, dazu gab es ein paar dominante schwarze Königinnen, muskulös wie Stiere. Abends war von der Wiese nichts mehr übrig. Während ich mein Abendessen machte, drang gebieterisches Muhen aus dem Stall. Dann tauchten drei oder vier stählerne Milchkannen vor der Tür auf, und der Offroader der Käserei kam, um sie abzuholen. Damit war der Tag wirklich zu Ende.

Aber für die größte Veränderung in meinem Alltag sorgten die Hunde. Da ich für sie Käserinden beiseitelegte, kamen sie mehrmals täglich auf Besuch (offen gestanden ersetzte ich die Rinden manchmal, auch wenn es nicht nach echter Berglerart ist, durch Kekse, *Freundschaftskekse*). Sie trugen eine Glocke um den Hals, und so hörte ich sie schon von Weitem kommen. Aufgrund irgendeiner internen Hierarchie blieb einer der drei immer auf der Weide, während die anderen beiden frei herumstrolchen durften, bis es Zeit war, das Vieh wieder in den Stall zurückzuführen. Sobald der Hirtensohn sie rief, begann die Teamarbeit: Bellend umzingelten sie die Herde, bissen die fauleren Kühe in die Flanken, jagten den undisziplinierten nach und trieben sie als Gruppe zur Alphütte. Es war ein Spektakel, wenn sie arbeiteten.

Aus den Rufen ihres Besitzers hatte ich herausgehört, dass sie Black, Billy und Lampo hießen. Black war der Älteste, ein großer, schwarzer Mischling mit je sechs Zehen an den Hinterpfoten und einem vermutlich bei einer Rauferei verstümmelten rechten Ohr. Deswegen entschied ich, ihn nicht Black, sondern Stummel zu nennen. Man sah, dass er an seinem Karriereende war, der Schatten der Tannen und der Geruch der Wildtiere, die er faul im Unterholz verfolgte, waren ihm lieber. Billy war ein deutscher Schäferhund und ein unermüdlicher Arbeiter, daher begegneten wir zwei uns seltener. Wenn die Herde ruhig war, lag er neben den Füßen des Hirtensohns. Bei mir kam er nur mit schlechtem Gewissen vorbei: Er nahm sich ein Stück Salamihaut und lief sofort weg. Es war kaum möglich, ihn zu streicheln. Lampo war der Jüngste, ein Border Collie mit einer Passion für weit weg geschleuderte Lärchenstöcke. Er liebte es, hinter den Ohren gekrault zu werden, und hinterließ an meinen Händen einen angenehmen Stallgeruch. Sein Handwerk musste er noch lernen, er war ein Grünschnabel, der ab und zu auch Unsinn baute. Eines Morgens im strömenden Regen meuterten die sieben Kälber, machten einen Satz über die Weidegrenze und stürzten sich ins hohe Gras wie an einen gedeckten Tisch. Der Hirtensohn stieß einen langen Pfiff aus, Billy nahm sofort die Verfolgung auf, Lampo sah es und lief ihm nach, während Stummel bei mir auf dem Balkon sitzen blieb und das Ganze erst einmal beobachtete – wachsam, aber sich wie gewohnt etwas abseitshaltend.

Ich setzte mich neben ihn, um mir das Spektakel anzusehen. Auf der Weide war Billy schon dabei, die Ausreißer zu einer Gruppe zusammenzutreiben, doch dann übertrieb es Lampo und hörte nicht auf, eines der Kälber zu beißen und anzubellen, bis dieses erneut floh und die anderen sechs ihm hinterher. Eilends holte Billy sie zurück, und die ganze Szene wiederholte sich: Lampo erschreckte sie, und sie liefen weg.

Billy war inzwischen klatschnass vom Regen. Er sah zu den Kälbern, sah zu Lampo, sah zu seinem Besitzer, der schimpfte und mit dem Schirm fuchtelte – und trat in. Streik, machte sich einfach in Richtung Wald davon. Der Hirtensohn schrie: Billy! Aber Billy verschwand in den Lärchen und war weg. Lampo blieb wedelnd in der Nähe: Er betrachtete es als Spiel. Die Kälber schlemmten im Gras, das eigentlich für den nächsten Tag vorgesehen war. Es goss wie aus Kübeln, als sollten wir alle weggeschwemmt werden, vom Berg abgewaschen wie trockenes Laub, und Stummel fraß seinen Keks auf, streckte den Rücken und schickte sich brummend in die Tatsache, dass nun er an der Reihe war.

Am nächsten Tag regnete es immer noch, und ich beschloss, grüne Nudeln zu machen. Rund um die Hütte sammelte ich Brennnesselspitzen, dünstete sie, hackte sie und vermischte sie mit Ei und Mehl. Als ich schon dabei war, den Teig mit dem Nudelholz auszuwallen, hörte ich lautes Glockengebimmel und die Rufe eines Hirten. Ich trat ans Fenster und sah gerade noch zwei Kälber den Hang hinunterlaufen. Der Hirt war keiner meiner Nachbarn, es war der leicht hinkende Einzelgänger, der manchmal mit dem Traktor vorbeifuhr – der Einzige, der die Hand zum Gruß hob, obwohl wir noch nie ein Wort miteinander gewechselt hatten. Wegen seines Beins konnte er den Flüchtigen nicht nachstellen. Er stand oben mitten auf einer Wiese, schwenkte die Arme und fluchte. So legte ich die Schürze ab, machte die Flamme unter dem Nudelwasser aus, nahm den Stock und ging, mehlbestäubt, wie ich war, nach draußen. Ich fand die Kälber etwas weiter unten in einer Waldlichtung. Sie weideten ruhig. Ob sie mir gehorchen würden? Bisher hatte ich ja nur zugesehen. Ich machte einen Bogen um das erste und schlug es sanft auf die Flanke, und tatsächlich tappte es so langsam wie widerwillig wieder bergauf. Das zweite folgte ihm. Voller Stolz brachte ich sie so bis nach Fontane, wo ich sie in einem Winkel zwischen dem Zaun und der Hütte einkesselte und hoffte, dass der hinkende Hirte bald auftauchen würde. Wenige Minuten später kam er als Beifahrer einer Crossmaschine angefahren. Mit einem Hanfseil band er die Kälber fest und wollte wissen, wie ich es geschafft hätte, sie einzufangen. Ich antwortete, es sei einfach gewesen, sie hätten alles selbst gemacht. Er lachte, und ich sah, dass ihm die Schneidezähne fehlten. Am liebsten würde er mich als Gehilfen einstellen, meinte er.

Sein Name war Gabriele. Er mochte zwischen vierzig und fünfzig sein, es war schwer zu sagen, weil er wie ein Schwergewichtler aussah und große Pranken, zerlumpte Kleider, einen ungepflegten Bart und dunkel gebrannte Haut hatte. Von Nahem gesehen hinkte er ziemlich stark. Er sei im Vorjahr unter den Traktor gekommen und sein linkes Bein werde jetzt von einer Titanplatte und recht vielen Schrauben zusammengehalten. Über mich wusste er bereits alles. Um wie viel Uhr ich morgens den Ofen einheizte, wie oft ich den Gemüsegarten jätete und dass ich fast jeden Tag durch die Gegend streifte. Er sah mich von oben, wenn er die Kühe zur Weide brachte. Zu seiner Hütte war es nicht weit, etwa eine Viertelstunde aufwärts, und meine heroische Aktion brachte mir eine Einladung zum Abendessen ein.

Zum Einsiedler taugte ich nicht gerade: Auch wenn ich in die Berge gegangen war, um allein zu sein, tat ich doch nichts anderes, als mir Freunde zu suchen. Oder vielleicht war es gerade die Einsamkeit, die jede Begegnung so wertvoll werden ließ. Am Nachmittag las ich eine Seite in Reclus: »Ebenso erging es mir mit meinem Gefährten, dem Hirten, der, nachdem er mir anfangs, als Vertreter jener Menschheit, vor der ich floh, geradezu widerwärtig gewesen war, mir allmählich unentbehrlich wurde. Ich spürte, wie ich begann, Vertrauen zu ihm zu fassen, Freundschaft für ihn zu empfinden. Ich begnügte mich nicht mehr damit, ihm für die Speisen zu danken, die er mir brachte, die Dienste, die er mir erwies, sondern ich beobachtete ihn, versuchte zu ergründen, was er mich lehren konnte. Obwohl mit Bildung eher spärlich gesegnet, so war dennoch er es, durch den ich, als mich die Liebe zur Natur gepackt hatte, den Berg kennenlernte, auf dem seine Herden weideten und an dessen Fuß er geboren war. Er nannte mir die Namen der Pflanzen, zeigte mir die Stellen, wo Kristalle und seltene Steine zu finden waren, begleitete mich zu den Überhängen schwindelerregender Abgründe, um mir die Wege durch schwierige Passagen zu zeigen. Von den Gipfelhöhen aus bezeichnete er mir die Täler, beschrieb mir den Lauf der Wildbäche. Zurück in unserer beheizten Hütte erzählte er mir die Geschichte des Landes und die örtlichen Legenden.«

Um sieben kam Stummel auf der Suche nach Keksen bei mir vorbei und musterte mich, während ich die Jeans und mein elegantestes Karohemd anzog. Er war daran gewöhnt, mich in kurzer Hose und einem durchlöcherten Pullover zu sehen, und blickte verständnislos. Was guckst du so?, fragte ich. Auch ich darf einmal eine Einladung zum Abendessen haben, oder? Dann band ich mir die Schuhe, nahm eine Flasche Nebbiolo, die ich für besondere Gelegenheiten auf die Seite gestellt hatte, kraulte ihm den Kopf und machte mich auf den Weg zu meiner Verabredung.

Quo vadis, Hirte?

Du bist also ein *Subversiver*, sagte er und entkorkte den Wein, als ich versuchte, ihm zu erklären, was ich da oben wollte. Ich hatte erzählt, dass mir Regeln und Herren zuwider seien und ich mich in der Stadt wie in einem Käfig fühle. Wenn ich, um nach meinen Vorstellungen zu leben, allein auf einem Berg sein musste, nahm ich im Austausch gegen die Freiheit auch gern die Einsamkeit in Kauf. Gabriele verstand bestens, was ich meinte. Erst als ich daraus eine politische Frage machte, verzog er die Augenbrauen. Er trug Militärjacken, verabscheute Ausländer, obwohl er in seinem Leben kaum je einen gesehen hatte, und spielte auch gern den harten Kerl, wenn er über Frauen sprach. Und doch war ich überzeugt, dass er eigentlich viel anarchistischer war als ich: Er hatte weder eine Familie noch eine feste Arbeit, weder einen Fernseher noch ein Auto oder eine Hypothek bei der Bank. Geld brauchte er nur, um sich Nahrung und Getränke zu kaufen. Er ging nicht wählen, war nicht auffindbar im Netz, seine Meinung beeinflusste keine

Forschungen und Marktumfragen, er war in keinem Durchschnittswert enthalten. Eine solche Person, die sich am Rand der Gesellschaft eine Existenz aufbaut und dort ein friedliches Leben führt, war für unsere Zeit das Subversivste, das ich mir vorstellen konnte, aber ich fand die Worte nicht, um es ihm zu sagen. Wenn ich mich in umständlichen Erklärungen verlor, sah er mich schräg an, und wenn ich schwierige Wörter verwendete, hörte er nicht zu. Deswegen stimmte ich ihm schließlich zu. Vielleicht hast du recht, sagte ich, ich bin wirklich ein Subversiver.

Er sagte nicht *Kühe*, sondern *Klapperkisten*. Oder *Luder*, wenn er wütend auf sie war. Nicht einmal sie gehörten ihm: Man schickte sie ihm aus der Ebene wie Mädchen ins Sommerlager. Auf diese Weise nutzte Gabriele das, was er besaß – eine Hütte, einen Traktor, einen Stall, eine Viehweide, die sechs Monate im Jahr verschneit war. Im Winter bewohnte er ein kleines Zimmer im Ort und arbeitete auf den Skipisten. Aber er passte nicht in den Talgrund, für das urbane Leben war er zu wild. Statt normal zu reden, schrie er, als befänden sich alle in weiter Ferne. Nichts bekam er leise hin. Ein Finger war bei ihm so dick wie bei mir zwei, und in seinen Händen wurde alles fragil. Nicht von ungefähr nannte man ihn im Ort Rambo. Manchmal stellte ihn jemand tageweise an, für den Abriss einer Ruine oder damit er ein paar

Klafter Holz spaltete. Nur oben am Berg hatte er so viel Platz, wie er brauchte, er gehörte hierher wie ein Findling oder eine bei Sonne und Wind mitten auf einer Weide gewachsene Jahrhundertlärche.

Ab in die Heia mit den Klapperkisten, pflegte er gegen Abend zu sagen. Dann machte er die Stalltür auf, öffnete im elektrischen Zaun einen Durchgang und rief geduldig: *Komm, komm, komm.* Faul gehorchten ihm die Tiere eines nach dem anderen. In der nächsten halben Stunde hörte man aus dem Stall Geschimpfe und schallende Klapse: Die Kühe sträubten sich, wenn es ans Anbinden ging, stellten sich quer und tauschten untereinander die Plätze, sodass man sie in der drückenden, feuchten Hitze ihres Atems und Schweißes mit Schulterhieben stoßen und am Halsband zerren musste.

Danach musste Gabriele zum Glück zwei oder drei der Kühe melken und fand wieder zur Ruhe. Das Melken entspannte ihn. Er erklärte mir, dass manche mit dem Daumen in der Faust molken und die Zitzen mit dem Knöchel pressten, aber ihm sei diese Methode zu grob. Er benutze lieber die Handfläche. Den Kessel mit der Milch überließ er danach den Kälbern und behielt für sich nur einen Schluck für den Morgenkaffee. Wir schlossen den Stall und gingen endlich zum Abendessen.

Sein Zuhause war ein mit Holz verkleidetes Zimmer, drei auf drei Meter, ein Klappbett, ein Ofen, ein Tisch, weder fließend Wasser noch Bad. Rund um das Haus sechs oder sieben einstürzende Ruinen, von denen er eine als Vorratskammer und eine andere als Holzunterstand nutzte. Das Zimmer war überfüllt mit Gegenständen: an den Wänden eine Sammlung von Kuhglocken und Halsbändern, bei Kuhkämpfen gewonnene Pokale, der Kalender einer Traktorfirma. Weiter eine Vitrine (mit ein paar abgeschlagenen Weingläsern, dem Maßkrug eines Bierfestes, Nutella-Gläsern), ein Pressspanmöbel aus den Sechzigerjahren (auf halber Höhe abgesägt, damit es hineinpasste), ein kleiner, sehr viel älterer Wandschrank – einfach zwei Türflügel mit einem Verschluss vor einer Nische in der Mauer. Teller aus Holz, ein Kochkessel aus Kupfer. Über dem Ofen aufgehängt Geräte für die Käseherstellung.

Beim Essen erzählte er oft aus vergangenen Zeiten. Er war ein grundfröhlicher Mensch, aber die Verlassenheit des Orts machte ihn schwermütig. Er erinnerte sich daran, wie er früher mit der Mutter und den Schwestern herkam, während er jetzt allein war. Unter den Fotos an der Wand war auch eines mit Frau und Kindern, aber ich sprach ihn lieber nicht darauf an, weil ich fürchtete, es könnte ein wunder Punkt sein. Dafür befragte ich ihn zum Foto mit der schwarzen Kuh, die er lachend umarmt hielt: Es war Morgana, seine Lieblingskuh, die bereits vor vielen Jahren in den Schlachthof gegangen war. Einzig reden konnte sie nicht, sagte er. Jetzt leistete ihm Lupo Gesellschaft, ein aufmerksamer, zurückhaltender, zutraulicher, aber nicht aufdringlicher Schäferhund, der ihn überallhin begleitete. Wenn er auf seinem Hundelager neben dem Ofen seinen Namen hörte, stellte er die Ohren auf, sah uns an und kam, um sich ein paar Streicheleinheiten und die Rinde des Toma zu holen.

In Gabrieles Erzählungen lebte eine verlorene Welt auf, in der oben im Dörfchen jedes Haus von einer Familie bewohnt war: die Männer im Stall zugange, die Kinder auf den Weiden, die Frauen mit den Hoftieren beschäftigt. Zwei Stunden Saumpfad vom Ort entfernt. Polenta mit Milch mittags wie abends. Wenige Tage waren genug, um die Zivilisation zu vergessen, Schuhe und Kleidung loszuwerden und in den Zustand der Wildheit zurückzukehren. Wobei Gabriele Wert darauf legte, mir zu erklären, dass der *berger* Schafe hütete, während es für den Kuhhirten ein anderes Wort gab: *vacher*. Das war ein ziemlicher Unterschied. Der Schafhirte war Nomade, weidete die Tiere auf hochalpinen Wiesen und schlief, wo es sich gerade ergab, der Kuhhirte hingegen war sesshaft, hatte eigenes Land, ein Haus, einen Stall.

Mit der Zeit wurde mir bei unseren Plaudereien klar, dass er diese Welt nie wirklich gesehen hatte. Das Dorf war schon in seiner Kindheit verlassen gewesen. Er hatte sich in den leeren Häusern Spiele ausgedacht. Der bewohnte Berg war keine Erinnerung, sondern eine Legende aus dem goldenen Zeitalter, die seine Träume von Glück nährte: Er wäre gern mit seinen Söhnen, die neunzehn und zwanzig waren und als Maurer arbeiteten, hergekommen, gern auch mit Hühnern, einem Esel, zwei oder drei Ziegen, einem Mastschwein für den Herbst. Oft sprach er davon, sich genug Vieh zu kaufen, um ein unabhängiges Leben zu führen. Doch tatsächlich hatte er nur Gras für die Mästung fremder Kühe und Tagträume für endlose Nächte.

Weil ich gern kochte und er nicht, wir aber beide nichts gegen Gesellschaft beim Essen hatten, verabredeten wir uns immer mal wieder. Etwa um sieben ging ich zu ihm hinauf, nahm den großen, unter einem Stein versteckten Schlüssel, betrat die Hütte und machte Feuer im Herd. Beim Brunnen, wo Gabriele eine Badewanne als Zuber für sich, die Kleider und den Abwasch aufgestellt hatte, spülte ich das Geschirr. Seife, Bürste, Stahlwolle waren auch da. Es war ein merkwürdiges Gefühl, im Abendrot unter den Lärchen Töpfe zu schrubben, und ich musste mich mit dem kalten Wasser und ohne Spülmittel ziemlich abrackern, aber einen herrlicheren Waschtrog hätte ich nirgends finden können. Während ich den Pastatopf mit Wasser füllte, musterten mich Murmeltiere. Manchmal streckte ein Reh den Kopf aus dem Wald. Wenn ich ins Haus zurückkam, war das Feuer schon auf gutem Weg, ich schaltete das Radio ein, stellte das Wasser auf den Herd und setzte mich, um Kartoffeln zu schälen. Unsere tägliche Kost bestand aus Spaghetti mit Tomatensoße, Pellkartoffeln und Käse. Auf dem Rückweg vom Stall ging Gabriele bei der Vorratskammer vorbei, wo er vier große Korbflaschen Barbera lagerte, die für den ganzen Sommer gereicht hätten, wäre nicht eine beim Versuch, sie mit den Fäusten zu verkorken, zu Bruch gegangen. Ein anderes Mal war die Windschutzscheibe des Traktors an der Reihe gewesen, der auf diese Weise zu einem Coupé geworden war. Das waren so seine typischen Missgeschicke.

Kam er hingegen zu mir herunter, setzte er sich immer auf den gleichen Platz, auf die Bank, den Rücken zur Wand, um das Haus zu betrachten. Schön hast du es hier, sagte er, während er sich umschaute, denn ich hatte eine richtige Küche, einen Kamin und sogar ein Sofa, ein Bad, fließend Wasser, gerade Wände und ein intaktes Dach, sodass ich mich bei Regen nicht unter den Tisch legen musste. Er brachte immer ein Stück Käse und eine Flasche Wein mit. Einmal tauchte er abends mit einem Grillhähnchen auf, das er weiß Gott wo aufgetrieben hatte. Ein anderes Mal hatte er bei einem Freund unten in der Ebene gearbeitet und war mit fünf Kilo Reis und einer ganzen Reihe brandneuer Erzählungen zurückgekehrt: Er hatte im Nightclub einen Abend mit russischen Mädchen verbracht, auf dem Bauernhof einen ganzen Park John-Deere-Traktoren gesehen, war von einem Kind mit der Frage »Warum nennt man dich denn Rambo? Weil du *richtig stark* bist?« zum Lachen gebracht worden.

Am Ende des Abends stand immer seine kunstvolle Art, aufzubrechen. Es war eine Art Ritual, dessen Funktionsweise ich nicht sofort verstand. Zuerst sagte er: Na gut, dann gehe ich jetzt mal. Ich stand also auf, um ihm die Türe zu öffnen und mich zu verabschieden. Er warf mir einen schiefen Blick zu und sagte: Hast du es so eilig? Nein, antwortete ich, schloss die Tür wieder und setzte mich hin.

So merkte ich, dass er mindestens fünf oder sechs Mal »Dann gehe ich jetzt mal« sagen musste, bevor er wirklich aufbrach, und bis dahin konnte gut noch eine Stunde vergehen – noch ein Kaffee, eine Geschichte, eine Flasche Wein. Und natürlich schaute ich ihm das ab. Wenn ich bei ihm war, streckte ich in einem bestimmten Moment des Abends den Rücken, warf einen Blick in das Dunkel draußen und verkündete: Dann gehe ich jetzt mal.

Nimm doch noch ein Stück Käse, antwortete Gabriele, ohne meinen Worten Beachtung zu schenken. Bechern wir noch einen?

Warum nicht, sagte ich (auch das Essen und das Trinken kehrten dort in den Zustand der Wildheit zurück: Man *futtert* Schweinerippen und *bechert* Wein). Und schob den Aufbruch um einige Gläser hinaus.

Am 29. Juni, dem Tag des Schutzpatrons der Alpwirtschaft San Pietro, stiegen wir nach dem Abendessen zusammen zum Stall hinauf. Am Nachmittag hatte Gabriele den Anhänger mit Reisig gefüllt, das jetzt aufgehäuft neben einem großen Felsblock lag. Der Stoß war über einen Meter hoch. Um zehn Uhr goss er einen halben Kanister Benzin darüber, dann zündete er ein Streichholz an, und sofort loderte das Feuer auf. Inmitten dieser großen Stille bemerkte ich zum ersten Mal, dass ein Brand ohrenbetäubend laut sein kann und auch auf viele Meter Distanz unerträglich heiß. Wir setzten uns ins Gras und betrachteten die dunklen Silhouetten der Berge auf der Suche nach anderen Höhenfeuern. Drei, vier, fünf zählten wir – einige an Orten, von denen wir nicht einmal die Namen kannten. Die gelben, zitternden Flammen schienen sagen zu wollen: Ich bin hier. Und ich auch, ich auch, ich auch. Ein nur wenige Minuten lang leuchtendes Sternbild einsamer Existenzen. Dann ermatteten die Feuer und gingen eins nach dem anderen aus. Auch unser Feuer verstummte. Ich hörte wieder den Wind im Gras, das Gurgeln des Wildbachs, die Seufzer der im Stall schlafenden Kühe.

Ich merkte auch, dass ich nun fror, weil ich mich an die Wärme der Flammen gewöhnt hatte. Beim Abschied gab mir Gabriele einen Pullover und sagte: Geh nur durch die Wiesen. Damit wurde mir eine große Ehre zuteil. Sonst hätte ich einen Umweg machen müssen, aber so gelangte ich direkt nach Fontane hinunter. Ich stieg in der Finsternis bergab, die Arme im Wind ausgebreitet, und fühlte an den Handflächen die Ähren. Unter heiseren Lockrufen verfolgten sich im Wald Rehe.

Männer

Schon als Junge fehlte es mir an einem Lehrer. Mein Vater war immerzu am Arbeiten, und andere Männer sah ich weit und breit keine. Mein Eindruck war, dass die Stadt den Frauen gehörte, deshalb war klar, dass ich anderswo suchen musste: außer Haus, fernab der Schule, wo auch immer sich die Welt der Männer verstecken mochte, falls sie denn existierte. Dank einem Bergführer namens Renzo, der mich mitzunehmen begann, als ich acht war, entdeckte ich das Hochgebirge. Die Begegnung war für mich von großer Bedeutung. Renzo brachte mir weit mehr bei als nur das Klettern, denn für ein Kind geht es beim Bergsteigen vor allem darum, mit Angst, Müdigkeit und Einsamkeit zurechtzukommen. Außerdem vertrug ich die Höhe nicht und mir wurde übel, sobald wir auf über dreitausend Metern waren. Renzo war für mich also der erwachsene Mann, mit dem ich mitten auf Gletschern stand, manchmal bei Schnee und Wind, weinend und erbrechend. Er war der Mensch, der mir sanft zuredete und mich dazu brachte, weiterzugehen. Das machte er so gut, dass ich ihm überallhin gefolgt wäre.

Später legte sich die Höhenkrankheit, und ich konnte unsere Abenteuer genießen. Wir, andere seiner Schüler und ich, waren eine gute Gruppe. Jeden Sommer verbrachten wir ein paar Tage in einer Gebirgshütte: Mit Pickel und Eisen bestiegen wir die Séracs des Monte Rosa, seilten uns, Rettungsaktionen simulierend, in Spalten ab, transportierten auf dem Schlitten imaginäre Verletzte. Währenddessen zogen die Gipfelstürmer der ernsten Sorte an uns vorbei. Wir selbst interessierten uns kaum für die Gipfel. Felswände und Grate machten mehr Spaß, und zudem wichen wir auch gern von den bekannten Routen ab, um Orte zu erkunden, wo keiner war. Ich erinnere mich noch gut an das Grün tief unten im Eis, an den Rausch, inmitten dieser Farben an einem Seil zu baumeln, während oben ein Freund Trompete spielte. Als ich achtzehn war, trainierte Renzo für den Himalaja, und einmal liefen wir zusammen in wenigen Stunden auf viertausend Meter hinauf und wieder hinunter, nur wir beide. Wenn man als Zweierseilschaft klettert, stellt sich eine spezielle Harmonie ein. Nach einer Weile hat man das Gefühl, mit dem Partner nicht nur das Seil und die Spur durch den Schnee zu teilen, sondern auch den Atem, die Gedanken, den Herzschlag. Wir gerieten damals fast sofort in die Wolken und sahen bis am Abend nichts mehr, nur das diffuse Weiß von Eis und Nebel, doch dieser private Himalaja ist meine schönste Erinnerung an Renzo.

Ich habe versucht, über ihn eine Erzählung zu schreiben. Aber in unserer Beziehung und der ganzen Geschichte gab es ein unüberwindliches Problem: Ich war nicht sein Sohn, er war nicht mein Vater. Wenn wir nach einer Klettertour auseinandergingen, versuchte ich eine Zeit lang, wie er zu reden (wenig), wie er zu gehen (mit leichtem, beinahe schwerelosem Schritt), mich in einer Gefahrensituation, etwa einem Gewitter in einer Felswand, wie er zu verhalten (vor mich hin zu pfeifen). Er hingegen zog, kaum war ich weg, mit jemand anderem los. Nicht dass er mich nicht gemocht hätte, aber Bergführer war sein Beruf: Er brauchte Kunden, ich einen Lehrer. Ich litt unter diesem Ungleichgewicht wie unter einer unerwiderten Liebe.

In Fontane war der Juli inzwischen weit fortgeschritten. Als das Gras hüfthoch stand und allmählich gelb wurde, tauchten auf den Wiesen überall Mähmaschinen, Traktoren, Anhänger, Ballenpressen auf. Alle, auch die Kinder, halfen beim Heuen mit. Die gepflegte Berglandschaft sah aus wie ein Garten mit den Krokussen, die den Frühling zurückgekehrt wähnten und im frischen Gras blühten. Ich unterstützte Remigio und seine Familie. Jeden Morgen mähten wir eine Bergwiese, und zwei oder drei Sonnentage später war das Heu bereit, um in

Ballen gepresst und weggebracht zu werden. Sein Wert war inzwischen geringer, als was es an Arbeit kostete, während es früher ein Vermögen für den Winter bedeutete. Wie kostbar es gewesen sein muss, sah man am Verhalten der Alten: Sie folgten der Ballenpresse mit dem Rechen, ohne einen einzigen Grashalm liegen zu lassen, und rügten die Kinder, wenn sie nachlässig arbeiteten. Ich war zwar kein Kind mehr, aber man rügte mich trotzdem. Nachdem ich es ein paar Mal versucht hatte, kamen sie zum Schluss, ich könne nicht rechen, und beorderten mich zur Schwerarbeit – Ballen auf den Anhänger laden und wieder abladen. Schwitzend und voller Staub zog ich mir Bauarbeiterschwielen und einen verbrannten Bauernnacken zu und verdiente mir auf diese Weise ein wenig Respekt.

Wir fuhren zu zweit hin und her, Remigio am Steuer des Traktors und ich oben auf der schwankenden Fuhre. Im Heuschober warfen wir uns die Ballen zu und stapelten sie zu einem drei oder vier Meter hohen Haufen. Eines Nachmittags lud er mich nach der Arbeit zu sich auf ein Bier ein, und ich war überrascht, im Wohnzimmer auf eine Schreibmaschine zu stoßen. Es war ein altes, gut erhaltenes Modell. In der Walze steckte ein Blatt, und darauf stand ein einziger Satz: *Werde ich jemals wieder schreiben können wie früher?* Er blieb mir im Gedächtnis haften, weil ich diese Art Zweifel nur zu gut kannte. Als ich nach dem Sinn fragte, erklärte mir Remigio, das Blatt stecke schon seit zwanzig Jahren dort. Seit dem Tod des Vaters habe er die Schreibmaschine nicht mehr angerührt.

So entdeckte ich, dass ich nicht der Einzige war, der einen Lehrer vermisste. Remigios Vater hatte Häuser gebaut und ihm das Handwerk beigebracht. Er war auch Jäger gewesen und hatte ihn als Kind zum Aufstellen der Pelztierfallen in die Wälder mitgenommen. Deswegen kannte Remigio die Gewohnheiten der wilden Tiere so gut. Wenn wir wandern gingen, zeigte er mir Spuren von Füchsen, Eichhörnchen und Mardern, ihre versteckten Höhlen, verlorene Haarbüschel aus dem Winterfell. Auch wenn er dem Vater für all das dankbar war, hatte seine Zuneigung durch den Wein Schaden genommen – in seinen letzten Lebensjahren war der Vater zum Trinker geworden und deswegen schwer erkrankt. Remigio war noch keine zwanzig gewesen. Er hatte seinen allmählichen Verfall mitansehen müssen und ihn schließlich draußen auf dem Feld gefunden, auf das er sich zum Sterben begeben hatte.

Nun blieben Remigio noch seine Jagdtrophäen, finstere Hüter des Hauses, das er im Sommer bewohnte: die Beine einer Gämse als Kleiderhaken, zwei Steinbockhörner auf einer Holztafel, ausgestopfte Exemplare von Marder und Hermelin. Obwohl er diese Dinge verabscheute, nahm er sie nicht von den Wänden. Er bewahrte jedoch auch ein wertvolles Erbe, nämlich das Handwerk. Die Hütte, die ich bewohnte, sei für ihn zehn Jahre zuvor eine

Art Initiationsprüfung gewesen, erzählte mir Remigio: In meinem Alter habe er sich in den Kopf gesetzt, die Ruine zu renovieren, und zwar allein. Die Arbeit kostete ihn zwei lange Sommer. Sein Vater war damals schon mehrere Jahre tot, und er stürzte sich in dieses Unterfangen, um ihm zu beweisen, dass er das Handwerk gelernt hatte, dass er es genauso gut beherrschte wie er. Ich weiß nicht, ob die offenen Rechnungen beglichen wurden, aber das Resultat war jedenfalls ein Haus, in das ich mich verliebt hatte. Schon bevor ich seine Geschichte kannte, hatte ich gefühlt, dass in jedem Detail eine besondere Aufmerksamkeit steckte, das Bedürfnis, die Dinge auf die richtige, die beste Weise zu tun. Nun wusste ich auch, warum. Es war der Abschiedsbrief eines Mannes, dem die Worte abhandengekommen waren und der stattdessen Holz und Stein verwendete.

Was mich betraf, griff ich genau in diesen Julitagen wieder zum Stift. Ich hatte zum ersten Mal Besuch bekommen, und das Bedürfnis, darüber zu schreiben, stellte sich ein wie Hunger oder der Schlaf:

Heute früh sah ich eine Hand und einen Fuß meines Vaters unter dem Laken hervorschauen. Welch ein merkwürdiges Gefühl, ihn dazuhaben, auf meinem Schlafsofa, als mein Gast. Mein Vater ist nie ein Vielschläfer gewesen. Auch an diesem

Morgen sah ich am Boden ein leeres Glas und den *Corriere* von gestern, ganz zerlesen, wie es von vorn bis hinten durchgearbeitete Zeitungen sind. Er hatte sie wohl die ganze Nacht studiert und dazu den schottischen Whisky getrunken, den er mir mitgebracht hatte, und war erst eingeschlafen, als es draußen schon hell war. Wegen des Lichts, das durch die Dachluke hereindrang, hatte er sich das Laken über die Augen gezogen, und in dieser Position traf ich ihn an.

Wie oft habe ich meinen Vater wohl in einem Bett gesehen? Das letzte Mal muss an einem Sonntagnachmittag in Mailand gewesen sein. Wenn ihn unser Gezanke geweckt hatte, zitierte er meine Schwester oder mich in sein Zimmer. In der Dunkelheit eruierte er die schuldige Person und rief dann laut ihren Namen, diese erstarrte, während die andere aufatmen konnte. Auch ein paar Jahre später war er, wenn ich oft tief in der Nacht nach Hause kam, noch nicht im Bett, ich traf ihn mit seinem Grappa und seiner Zeitung in der Küche an, und mir wäre es viel lieber gewesen, er hätte mir das, was seine Augen ausdrückten, mit Worten gesagt, dann hätte ich ihm antworten können: Weißt du, es ist mein Leben.

Auch jetzt, da ich mein eigenes Leben lebe, da es mein Sofa ist, auf dem er geschlafen hat, und mein Glas, aus dem er getrunken hat, und er bloß Gast in meinem Haus war, sieht seine vierundsechzigjährige Hand aus, wie sie schon mit vierzig aussah: abgezehrt, dunkel, knochig, mit einem Ehering, der nicht mehr vom Finger geht.

Der Fuß, der unter dem Laken hervorschaute, sah der Hand ähnlich, einmal abgesehen vom gelben, dicken Nagel der großen Zehe, einem knöchernen Zehennagel, der bei unseren Eilabstiegen abgesplittert war. Mein Vater hat nie einen passenden Bergschuh für seinen rechten Fuß gefunden. Von den Liedern, die er mir beigebracht hat, handelt mein liebstes genau davon: *Ob mit Schuhen, ob ohne Schuhe, meine Gebirgsjäger wünsch ich mir herbei.* Er hatte seinen Militärdienst bei den Alpini geleistet, und in meiner Kindheit sang er mir Lieder aus dem Ersten Weltkrieg vor – die Geschichten von Schuhen, Geliebten und Wein gehörten zu uns.

Nun stellte ich mir vor, ich würde das Laken anheben und ihn wie damals vor mir sehen, mit rabenschwarzem Bart und Haar, mit diabolischem Blick, und mir lief wie früher eine Gänsehaut über den Rücken, ich setzte Kaffee auf und ging hinaus. Draußen wusch ich mir am Brunnen das Gesicht und nahm den Napf, aus dem die Hunde über Nacht die Knochen geholt hatten. Als ich wieder ins Haus trat, war mein Vater aufgestanden.

Später, schon nach seiner Abreise, stieß ich oben im Wald auf eine Lärche, die durch einen Blitz all ihre Nadeln verloren hatte und der dann etwas höchst Merkwürdiges passiert war. Ein einziger Ast unten an der Basis war noch lebendig. Der Blitz hatte dem Stamm Schaden, dem Ast aber Nutzen gebracht, irgendwie hatte dieser seine Richtung geändert und angefangen, in die Höhe zu wachsen, und nun bildete er sozusagen einen zweiten Stamm. So waren aus der alten Lärche zwei geworden: die eine versengt und entnadelt, die andere voller Knospen. Wegen der Dinge, die in diesen Tagen passiert waren, dachte ich zuerst, ich wäre vielleicht der neue Stamm und mein Vater der alte. Dann überlegte ich aber, dass ich eigentlich sowohl der alte als auch der neue Stamm war, und der Blitz genau das, worauf ich wartete, das Feuer, das das alte Ich zerstören würde, damit ein neues wüchse. In diesem Fall war mein Vater nur ein anderer Baum im Wald. Unvermittelt drehte ich mich, um ihn mir vorzuknöpfen.

Steinböcke und Gämsen

Die Wildtiere waren verschwunden. Daran waren all die Leute schuld, die begonnen hatten, die Wanderwege auszutrampeln, und die Tiere so in immer unwegsameres Gelände verdrängten. Jeden Tag begegnete ich Touristen, die, fast immer in großen Gruppen unterwegs, taub und blind für die Landschaft schienen, die sie gerade durchwanderten, und dazu waren sie so laut, dass man sie hörte, bevor man sie sah. Auch ihre chemische Duftwolke stieg einem schon von Weitem in die Nase. Hatte ich vielleicht ein Problem mit dem Rest der Menschheit? Oder waren sie es, die sich nicht über die Erde bewegen konnten, ohne sie zu kolonisieren? Mit fröhlicher Gewalt in Form von Düften und Geräuschen drangen sie in den Wald ein. Und die Waldbewohner schützten sich, indem sie sich verzogen.

Meine Nachbarn fehlten mir: der Hase, der Fuchs, die Rehe. So stand ich eines Tages Ende Juli um sechs Uhr früh auf, kippte eine Tasse Kaffee hinunter und verließ das Haus. Ohne Rucksack, Trinkflasche, Bergschuhe, nur mit meinem Stock und federleichten Schuhen. Nach fast drei Monaten in den Bergen war ich in Höchstform: Ich ließ den Wald und die ersten Weiden, Gabrieles Hütte, die verlassenen, zerfallenden Dörfchen, die Lichtungen der Murmeltiere hinter mir. Am Wildbach machte ich einen Trinkhalt, dann überwand ich rasch auch die höheren Weiden: Um sieben sah ich bereits nur noch Schutthalden, kleine Schmelzwasserseen und letzte Schneeflecken vor mir. Ich war im Reich der Gämsen, nur riechen sie einen gewöhnlich von Weitem und machen sich im Nu aus dem Staub. Als ich an diesem Morgen den Grat erreichte, hatte ich aber Glück: Sei es, dass ich Gegenwind hatte, sei es, dass ich inzwischen selbst nach Ziege stank, jedenfalls sah ich in der Talschlucht unter mir zwei Exemplare in einem kleinen Schneefeld. Um sie herum erwärmte sich die Schutthalde in der Morgensonne, es gab nur noch kleine, gleißende Schneeflecken, und ich glaube, dass die Gämsen dort waren, um sich zu erfrischen. Sie rollten sich auf den Bauch, den Rücken und die Flanken, genossen das Andenken an den Winter, spielten wie Kinder.

Ich stieg weiter bergan, war nicht mehr aufzuhalten. Auf dem Grat zwischen den beiden Tälern meines Lebens wanderte ich nun über von Eis zersprengte Felsplatten und jenes samtweiche Moos, das sich auf dreitausend Metern bildet. Auf der einen Seite der Wasserscheide, jener des Erwachsenenalters, war der Himmel klar und von einem so vollen Blau, dass er förmlich Masse und

Volumen zu haben schien. Von der Kindheitsseite her stiegen bauschige Wolken hoch und lösten sich zu meinen Füßen kräuselnd auf. Dort hatte ich zwanzig Jahre verbracht, da die letzten Monate: Ich war froh, dass es verschiedene, aber nahe beieinandergelegene Orte waren (nie dorthin zurückkehren, wo man glücklich gewesen ist, sagen weise Leute; es hat aber durchaus etwas Tröstliches, zu wissen, dass die Erinnerungen nur zwei Stunden Fußweg entfernt sind).

Dann sah ich einige dunkle Silhouetten, unverkennbare Formen auf dem zerklüfteten Fels. Es war eine kleine Herde männlicher Steinböcke. Diese sind weniger vorsichtig als die Gämsen, da sie seit einem Jahrhundert nicht mehr gejagt werden und aufgehört haben, sich vor dem Menschen zu fürchten. Sie leben auf Graten und Gipfeln in über dreitausend Metern Höhe, weil ihnen heiß ist und sie ihr Reich gern von oben im Blick haben. In dieser Höhe gibt es keine Vegetation, nur Wind zu jeder Tageszeit und grelles Licht. Die Gruppe bestand aus einem majestätischen erwachsenen Steinbock, der sich in der feierlichen Pose des Leittiers auf einem Felsband niedergelassen hatte, vier sich gegenseitig provozierenden, jungen, zappeligen Steinböcken und einem alten, so müden Bock, dass er mir sofort der sympathischste war. Er hatte ein schäbiges Fell und zwei Hörner, die ihm zu schwer waren, sodass er sich mit gesenktem Kopf herumschleppen musste. Sobald sie mich sichteten, erhob sich der

Chef und stellte sich zwischen mich und den Rest der Herde. Dann blickte er mich an und gab einen Schlachtruf von sich, ein langes, mit aller Kraft ausgestoßenes FFF. Seine Hörner waren einen Meter lang, und er hatte mindestens einen Zentner Muskeln, mit denen er sie in die Höhe stemmte – es wäre für ihn ein Leichtes gewesen, mich aus seinem Zuhause oder überhaupt aus dieser Welt zu vertreiben. Doch ich versuchte, ihm zu verstehen zu geben, dass meine Absichten friedlich waren. Die Jungtiere hatten sich mit einem Sprung auf einen Felsblock hinter ihm in Sicherheit gebracht, während der Alte einen langen Umweg machen musste, um sich zu ihnen zu gesellen. Ich setzte mich auf den Boden und verharrte reglos fünf Minuten, bis der Chef zu dem Schluss kam, dass ich ein langweiliger Feind war, noch ein letztes Mal schnaubte und dann am Moos zwischen den Felsen zu knabbern begann. Zwei der Jungtiere fingen an, für die Brunftzeit zu üben, indem sie sich mit den Hörnern stießen: Sie stellten sich auf die Hinterbeine und ließen sich, um dem Hieb Kraft zu verleihen, mit ihrem ganzen Gewicht gegen den Rivalen fallen. Der Kopfstoß verursachte einen trockenen Knall, ähnlich dem Geräusch zweier großer Steine, die gegeneinandergeschlagen werden. Der alte Bock war nun der Einzige, der mir noch Beachtung schenkte. Er hatte sich drei oder vier Meter vor mir niedergelassen und beäugte mich, während er wiederkäute und sich hin und wieder mit den Hörnern den

Rücken kratzte. Ich zählte etwa fünfzehn Knoten – fünfzehn draußen in den Bergen verbrachte Jahre, ohne Feinde und ohne je ins Tal abzusteigen. Ein wunderbares Leben. War es sein letzter Sommer, oder würde er es mit seinen Gebrechen noch einmal durch den Winter schaffen? Während wir uns gegenseitig musterten, hatte ich das Gefühl, dass er sich ähnliche Fragen in Bezug auf mich stellte.

Durch die morgens um acht Uhr noch reine Luft erkannte ich unter mir deutlich die Straßen im Talgrund. Zweitausend Meter tiefer sah die Welt aus wie ein fremder Planet: ein Hin und Her von Autos, überall Baustellen, ausufernde Dörfer. Ein emsiger Ameisenhaufen, der von oben gesehen absurd wirkte, wo es doch zum Leben reichte, ein wenig zu grasen und sich in die Sonne zu legen. Ich schaute auf das Haus hinunter, in dem ich als Kind gewohnt hatte, beziehungsweise den Wohnungskomplex, der nun an seiner Stelle stand. Jenes Haus war verloren für immer, und das empfand ich als Glück. Dann dachte ich an meinen Freund Jose, einen Jäger und Bergführer, der in einem Herbst bei der Verfolgung von Gämsen zu Tode gestürzt war, weil niemand so flink ist wie sie. Jose, dachte ich, du warst ein guter Bergsteiger und ein wunderbarer Angeber, aber wie konntest du nur mit einem Gewehr hier auftauchen und glauben, ungestraft davonzukommen? Man hatte ihn in einem Abgrund gefunden, an ein Grasbüschel geklammert. Ich erinnerte mich gern so an ihn, und auch daran, wie er mitten auf einem Gletscher angefangen hatte zu singen, um uns im Schneegestöber Mut zu machen. Und als uns unten am Ende des Wanderwegs zwei spazierende Frauen, neugierig geworden wegen unserer mit Seilen und Eisen bepackten Rucksäcke, gefragt hatten, wo wir gewesen seien, hatte er auf seinen Rücken gewiesen und nonchalant geantwortet: *In den Bergen.* Es waren zwanzig Jahre vergangen seither, und nie hatte ich mich seinem Geist näher gefühlt.

Von nun an stieg ich immer wieder dort hinauf. Eine feste Bleibe kam mir in diesen Tagen immer überflüssiger vor. Ich hielt das Leben in der Hütte nicht mehr aus. Gern wäre ich wie einst die Hirten von einer Alpweide zur nächsten vagabundiert, hätte in den Unterständen übernachtet, die das Gebirge bot. Ich sah manchmal welche während meiner Erkundungstouren – überhängende Felsbrocken, an deren Fuß man das Gelände eingeebnet hatte und die bisweilen mit Trockenmauern abgeschlossen waren. Sowohl in den französischen als auch in den deutschen Alpendialekten gibt es ein Wort für solche Felsen: Eine *Balme* für die Nacht war alles, was ich beanspruchen wollte, solange der Sommer es erlaubte.

So fasste ich meinen Entschluss: Eine Zeit lang würde ich draußen leben. Ich hatte die Karte studiert und wollte über das mir bekannte Gebiet hinauskommen, entdecken, was es zwei oder drei Tage Fußweg von hier zu sehen gab. Die Biwaks und Schutzhütten entlang der Strecke hatte ich eingezeichnet. Ich stopfte ein paar Kleider, den Schlafsack, einige Bücher, eine Trinkflasche mit Wein und die Konserven, die ich in der Küche hatte, sowie ein Feuerzeug, ein Messer, die Kugelschreiber und das Heft in den Rucksack. Schwer beladen machte ich die Tür hinter mir zu und hatte doch das Gefühl, mich von einer Last zu befreien. Diese konnte natürlich von der Hütte oder den Leuten herrühren, die sie meiner Ansicht nach entweiht hatten, doch viel wahrscheinlicher war es, dass sie von mir selbst ausging. Wovor sollen wir sonst fliehen, wenn wir aus dem Haus fliehen? Leb wohl, sagte ich mir und schlug den Wanderweg ein, der in Richtung Osten bergauf führte.

Geisterhütte

Als ich den Hang hinunterstieg, den ein Erdrutsch unter sich begraben hatte, sanken meine Bergschuhe tief in die weiche Erde ein, eine graue Masse, die klebrig war wie frischer Mörtel und jeden Schritt zu einer Mühsal werden ließ. Ich sprang auf einen entwurzelten Baumstamm und balancierte darüber, über das Chaos aus gelockerten Steinen, schlammigen Bächlein und riesigen Grasschollen, die in einem instabilen Gleichgewicht auf Felsblöcken lagen oder in Geländespalten steckten und sich selbst in diesen unnatürlichen Lagen darauf kaprizierten, zu blühen. Oben markierte eine breite, dunkle Felsplatte die Stelle, wo der Berg abgebrochen war. Feuchter, mürber Fels, Lärchenwurzeln, die auf halber Höhe herausragten und diesen nicht zusammenzuhalten vermocht hatten. Von Wildtieren keine Spur. Niemand pfiff, niemand stürzte bei meinem Vorbeigehen in ein Versteck. Es war, als wäre es bei der Unglücksstelle zu einem Massenexodus gekommen. Selbst die Vögel schwiegen, sodass nur das Gurgeln eines unterirdischen Bachs zu hören war. Ich war erleichtert, als ich schließlich das letzte Geröll überwunden hatte, eine nach links aufwärtsführende Wegspur fand und den Erdrutsch hinter mir ließ.

Mein Plan war, die Nacht am Ufer eines Sees zu verbringen, mich am Feuer zu wärmen und den Augusthimmel zu betrachten, aber da war nichts zu machen, es war nun mal ein Regensommer, und als ich oben ankam, hörte ich ein Gewitter näher kommen. Es muss etwa sieben Uhr abends gewesen sein. Eine Front aus aufgeblähten dunklen Wolken stand grollend über dem ein paar Kilometer talabwärts gelegenen Dorf, das ich wenige Stunden zuvor verlassen hatte. Zwei Fischer plagten sich im Wind mit einem Firstzelt ab. Der Wind kam in heftigen Böen daher, kräuselte den Wasserspiegel und schob die Wolken zu uns hin, sodass ich in der Hoffnung, einen Unterschlupf zu finden, eine Gruppe Ruinen ansteuerte. Eine der Hütten war in einem etwas besseren Zustand als die anderen: Die Mauern standen zwar schief, hielten aber noch, und auf dem Dach hatte man ein Blech angebracht. Falls sie noch benutzt wurde, war sie bestimmt verschlossen. Aber ich sah kein Schloss, die Tür war verzogen und mit Gewalt zugezogen. Ich versuchte sie von Hand aufzuschieben, fühlte, dass sie nachgab, und öffnete sie schließlich mit einem kräftigen Stoß der Schulter.

Die Augen brauchten eine Weile, um sich an die Finsternis zu gewöhnen. Draußen begann der Regen auf das Blech zu trommeln. Es gab keine Fenster, aber durch einen Spalt zwischen den Wänden und dem Dach drang etwas Licht herein. Die Herdstelle befand sich mitten im Raum: vier Steinplatten zur Abtrennung der Glut, in einer Ecke eine drehbare Kesselhalterung. Dann ein hölzernes Wandbord mit einer Öllampe, ein paar leeren Flaschen, einer Spielzeugpistole. Was hatte die Spielzeugpistole hier zu suchen? Es war eine Revolverattrappe, völlig ramponiert und nur noch von einem Klebeband zusammengehalten. Während ich sie betrachtete, fühlte ich mich wie ein Eindringling der schlimmsten Sorte, jene Leute, die in den alten Dingen anderer herumschnüffeln. Ich erinnerte mich gut an die schmutzigen, schüchternen, sich beim Hüten ihrer Kühe wie Erwachsene verhaltenden Hirtenjungen, die ich als Kind in den Bergen gesehen hatte, und ich hatte mir immer vorzustellen versucht, was für ein Leben sie führten, wenn niemand sie sah. Ich stieß auch auf ein Stück Spiegel an einem Balken und eine schmutzige Schale, zwei Emailletassen, eine verdreckte, ausgehöhlte Matratze. Vermutlich waren Mäuse am Werk gewesen, denn der Fußboden war mit Flocken halb verrotteter Wolle übersät, dazu Glasscherben, Stroh und alles Mögliche. Zum Glück war es zu düster, um es genau erkennen zu können. Das Gewitter machte inzwischen einen ohrenbetäubenden Lärm. Ich fegte, so gut es ging, ein Stück Fußboden frei, um den Schlafsack auszulegen, ließ mich dann nieder und öffnete den Rucksack. Ein Stück Schwarzbrot, eine Fleischkonserve, zwei Tomaten und ein wenig Wein waren das Menü des Abends. Da das Mahl bei all dem Regen auch der einzige Zeitvertreib war, versuchte ich es möglichst in die Länge zu ziehen, indem ich das Brot lange kaute und den Wein in kleinen Schlucken trank. Doch dann beruhigte sich das Gewitter. In einer Ecke des Raums fand ich trockenes Holz und zündete ein Feuer an, aber draußen, an der Hüttenwand, da ich Angst hatte, mich einzuräuchern, wenn ich die Herdstelle benutzte. Als der Regen wieder einsetzte, prasselte das Lagerfeuer schon munter vor sich hin. Auf der Schwelle saß ich im Trockenen und hatte doch ein wenig Licht zum Lesen, sodass ich den Abend mit Primo Levis *Periodischem System* verbrachte. Über mir ragte die Silhouette jenes Berges auf, den ich am nächsten Tag überschreiten wollte. Ab und zu blickte ich auf, um ihn in Augenschein zu nehmen, bis es überhaupt für alles zu dunkel war.

In der Nacht hörte der Regen mehrmals auf und setzte wieder ein. Auch ich wechselte ständig zwischen Schlafen und Wachen. Augenblicke lang hatte ich in den sich überlagernden Träumen das Gefühl, um mich herum in der Hütte bewegten sich Wesen. Atemgeräusche von Wachhunden oder eines kleinen Cowboyhirten oder zweier junger Männer siebzig Jahre vor mir. Denn nicht

weit von hier war Primo Levi, der sich im Gebirge aus-
kannte und versteckt hielt, im Herbst 1943 verhaftet und
darauf ins Konzentrationslager deportiert worden. Sein
Freund Sandro Delmastro war wenig später als Partisan
umgekommen. In den letzten Sommern der Freiheit hatten sie in Hütten übernachtet und die ausgetretenen Pfade verschmäht: »Er verleitete mich zu aufreibenden
Fahrten durch Neuschnee, fern allen menschlichen
Lebens, auf Wegen, die er wie ein Wilder zu erahnen
schien. Im Sommer von Hütte zu Hütte wandernd, be-
rauschten wir uns an Sonne, Strapazen und Wind, wir
schürften uns die Fingerkuppen an Felsen wund, die vor
uns noch keine Menschenhand berührt hatte: nicht
etwa auf den berühmten Berggipfeln oder um Denkwür-
diges zu vollbringen; daraus machte er sich überhaupt
nichts. Ihm lag daran, seine Grenzen kennenzulernen,
sich zu messen und zu steigern; dunkel fühlte er wohl
das Bedürfnis, sich (und mich) auf eine Monat um Monat näher rückende eisenharte Zukunft vorzubereiten.

Wenn man Sandro in den Bergen sah, war man mit der
Welt versöhnt und vergaß den Albdruck, der auf Europa
lastete. Es war sein Platz, der Platz, für den er geschaffen
war, wie die Murmeltiere, deren Pfiffe und Gebärden er
nachahmte: Im Gebirge wurde er glücklich und strahlte
in stillem, ansteckendem Glück, wie ein Licht, das man
entzündet. Er rief bei mir ein neues Gefühl des Einsseins
mit Himmel und Erde hervor, und darin verschmolzen

mein Freiheitsdrang, meine überquellende Kraft und das Verlangen, die Dinge zu erkennen, die mich zur Chemie getrieben hatten. Bei Sonnenaufgang verließen wir, uns noch die Augen reibend, das Martinotti-Biwak – und da, rings um uns, noch kaum von der Sonne berührt, die jungfräulichen, dunklen Berge, neu, als wären sie just in der eben verflossenen Nacht geschaffen worden, und zugleich unsagbar alt.«

Auch ich stand auf, als der Himmel sich allmählich aufhellte. Es war etwa fünf Uhr früh. Ich war es leid, mich schlaflos auf dem Fußboden zu wälzen, den Glasscherben und dem Wasser, das vom Dach herunterrann, auszuweichen und darüber zu sinnieren, wie die Zeit zu schrumpfen und sich auszudehnen vermag, ein ganzes Jahr wie im Flug vergehen kann und eine einzige Nacht nie enden. Ich rollte den Schlafsack zusammen, packte den Rucksack, schnürte die Bergschuhe und hinterließ die Zeitung, die ich zum Feueranzünden verwendet hatte: für den nächsten Wanderer und seine Phantasmen. Dann verabschiedete ich mich von der Geisterhütte, zog die Tür hinter mir zu und atmete tief ein. Die Luft war feucht und kalt. Ich fühlte mich völlig zerschlagen und noch müder als am Abend zuvor, wusste aber, dass das Gefühl beim Gehen verschwinden würde. Einfach nicht an das Wort *Kaffee* denken. Am Ufer eines Bächleins blieb ich stehen, putzte mir die Zähne, wusch das Gesicht, den Hals. Nun war ich ganz wach. Ein klarer Morgen brach an, der See zweihundert Meter unter mir lag noch im Schatten, der Berggipfel tausend Meter höher war schon im Sonnenlicht. Auf dem schwarzen Fels verkümmerten grauweiße Schneeflecken, doch die Rinnenwände entlang zog sich ein strahlend frisches, beinahe silbernes Weiß, in Kanten und Furchen eingraviert wie eine Kreidespur. Ich überlegte, ob es in der Höhe wohl geschneit haben könnte – nur, so deutlich gezeichnete Schneelinien hatte ich noch nie gesehen. Später entdeckte ich, dass es sich um Eis handelte – um Hagel, der sich in der Nacht in Ritzen und auf Felsbändern angesammelt hatte und im Sonnenschein als funkelndes Linienmuster erschien. Bis hinauf erwarteten mich mindestens zwei Stunden Geröllhalde. Also senkte ich wie ein Maultier den Kopf, schob die Daumen in die Riemen des Rucksacks und bat meine treuen Beine, sich wieder an die Arbeit zu machen.

»Dem Gastwirt, der uns grinsend fragte, wie es uns ergangen wäre, und dabei verstohlen unsere verstörten Gesichter betrachtete, gaben wir frech zur Antwort, wir hätten einen herrlichen Ausflug gemacht. Wir bezahlten die Rechnung und brachen würdevoll auf. So war es, wenn man bei Fuchs und Hase übernachtete: und jetzt, nach Jahren, bedauere ich, es so selten getan zu haben, denn bei allem Guten, was das Leben mir beschert hat, gleicht nichts auch nur im Entferntesten diesem Gefühl, stark und frei zu sein, frei auch, in die Irre zu gehen und sein eigenes Geschick in der Hand zu haben.«

Berghütte

Egal wie früh ich aufwachte, es war immer schon jemand vor mir wach. Mein Fenster ging nach Osten, auf eine schwarze Bergkette, über der um sechs Uhr auf einen Schlag der Tag anbrach, sodass die Wand gegenüber dem Bett hell wurde und das Zimmer in Orange und Gold getaucht war. In diesem plötzlichen Licht schlug ich die Augen auf, mein Schlafsack zu einem Durcheinander unruhiger Träume zerwühlt. Der Geruch des Feuers brachte mir in Erinnerung, wo ich mich befand. Buchenholz, ein anderer Duft als jener der Lärche, die ich zu Hause benutzte. Obwohl den ganzen Tag Holz im Ofen brannte, wurde die Küche gerade eben warm. In diesem verregneten August trafen wir uns immer dort: Wir machten auf dem Herd Kaffee, kochten, hängten darüber Wäsche auf, toasteten die Pistazien, die wir eines Tages feucht und vermutlich uralt zuhinterst in einem Schrank der Vorratskammer gefunden hatten.

Es war eine alte Berghütte, 1823 als Unterkunft für die Emigranten erbaut, die im Winter nach Hause zurückkehrten. Der Pass, auf dem sie stand, hatte während Jahrhunderten zwei Staaten getrennt, sodass man, wenn man in der Küche das Geschirr spülte, ständig über den in den Fußboden eingelassenen Grenzstein stolperte. Einst war dieser auf zweitausendfünfhundert Metern gelegene Übergang auf Reisen nach Frankreich und in die Schweiz eine obligatorische Etappe gewesen, wobei die alpinen Wege nicht den gewundenen Kurven der Straßen im Talgrund folgten, sondern direkt von Passhöhe zu Passhöhe führten, damit die Strecke zu Fuß möglichst schnell zurückgelegt werden konnte. Die Platten des Weges erzählten noch davon. Sie waren glatt, glänzend und ließen mich an die Kaufleute, Soldaten, Bauern und Maultiere denken, die sie so poliert hatten. Mittlerweile bekamen sie mehr Gämsen als Menschen zu Gesicht. Der Pass lag abseits der gängigen Routen, war umgeben von Bergen, die für Bergsteiger zu wenig nobel und für gewöhnliche Berggänger zu unwegsam waren. Die Landschaft war so wild, wie ich sie mir nur wünschen konnte: Felsstücke, Grate, Schneefelder und kleine Seen. Auf dem Vorplatz flatterte eine italienische Fahne. Jedes Jahr im Juni wurde sie ersetzt, und im Laufe des Sommers löste das Regenwetter sie nach und nach auf, sodass die Länge der Fahne zu einer Art Maß für meine Zeit dort oben wurde. Als ich ankam, war das Grün schon beinahe weg, man sah noch ein paar Fasern im Wind. Als ich wieder ging, war vom Weiß nur noch die Hälfte übrig, ein verstümmeltes Stück

Heimat, das die Stimmung auf dem Pass, unser Leben auf der Grenze gut widerspiegelte.

Von den beiden Hüttenwarten war Andrea der faule, oder vielleicht arbeitete er, wenn niemand es sah. Jedenfalls hatte er um sieben Uhr früh schon eingeheizt, das Frühstück aufgetischt, das Geschirr vom Vorabend gespült, rauchte nun und sah sich dazu auf seinem Handy alte Filme oder die Profile von Mädchen irgendwo im Netz an. Er saß immer auf derselben Seite des Tischs, am Fenster. Gegen elf Uhr wechselte er von Kaffee zu Wein, den er mit Wasser streckte, oder zu Wasser und Pernod oder Weißwein und Campari, dazu drehte er Zigaretten aus Golden Virginia, bot auch mir zu trinken an und zeigte mir die englischen Touristinnen, denen er im Winter das Skifahren beigebracht hatte. Nun waren sie am Strand und posteten Fotos im Badeanzug. Sie kamen mir vor wie Meerjungfrauen in unendlich fernen Ozeanen. Über unseren Köpfen regnete es Tag für Tag, und manchmal wurde aus dem Regen Hagel, und wenn es nicht regnete oder hagelte, blies ein eisiger Wind, der mich in die Hütte zurücktrieb, kaum streckte ich die Nase aus der Tür. Das einzige Mädchen aus Fleisch und Blut war eine Sportlerin, die Berglauf trainierte: Wenn sie den Weg hochkam, erspähten wir sie durch das Fernglas, kommentierten ihre Formen, hofften, sie würde wenigstens einmal einen Kaffeehalt einlegen. Doch wenn sie die Passhöhe erreichte, berührte sie die Hüttenmauer, machte auf den Absätzen kehrt und lief, flüchtig wie jede prächtige Erscheinung, wieder ins Tal hinunter. Die Formen waren auf dem Rückweg genauso bezaubernd, es haftete ihnen aber etwas viel Wehmütigeres an als auf dem Hinweg.

Davide schlief lange, kam als Letzter in die Küche hinunter, war von diesem Moment an aber ständig in Bewegung. Jeden zweiten Tag knetete er einen Brotteig, den er danach im Backrohr des Ofens buk. Er kümmerte sich um die Buchhaltung, nahm Anrufe entgegen und empfing die Gäste, weil Andrea lieber für sich war und so wenig wie möglich redete. Davide hatte immer viele Ideen, die er längst nicht alle umsetzte. Träume von Reisen und Handwerksarbeiten, Projekte für eine gesteigerte Effizienz der Hütte. Wenn es einmal nichts zu tun gab, nahm er einen Hohlmeißel von der Fensterbank und arbeitete Kerben in einen Stock oder einen Messergriff ein. Symmetrische Formen gelängen ihm nie, sagte er. Er war überzeugt, dass er und die Symmetrie sich nicht gut vertrugen, vielleicht wegen des Jahre zuvor gebrochenen Jochbeins, das seine Gesichtszüge prägte. An Regentagen saß er schnitzend da und redete frei von der Leber weg. Er dachte laut nach und brachte ab und zu eine neue Idee vor, die Andrea brummend guthieß. Ein Windrad für das Dach, eine Steinbank für den Aussichtspunkt. Er wusste ohnehin schon, wie die Sache enden würde.

Ich hatte die Küche in Beschlag genommen. Bei einer Durchforstung der Speisekammer förderte ich Reis, Hülsenfrüchte, Mehl, passierte Tomaten, Thunfischkonserven, Sardellen und Oliven zutage. Es gab Säcke mit Zwiebeln und Kartoffeln, die für die ganze Saison reichen mussten. Butter, Eier und Käse besorgten wir auf einer Alp wenig unterhalb, und ab und zu kam ein Freund mit Heidelbeeren und Pilzen vorbei, die er unterwegs gesammelt hatte. Das waren die Zutaten, aus denen ich die täglichen Mahlzeiten kreierte.

Abgesehen von dem dürftigen Speiseplan und dem chronischen Mangel an Mädchen war unser Hauptproblem die Elektrizität. Es gab zu wenig Sonne für die Sonnenkollektoren, das Windrad war bislang noch ein Traum in Davides Kopf, und mit dem Diesel musste man sparsam umgehen. So stellten wir den Generator nur an, wenn Gäste kamen, ansonsten bedeutete der Nachmittag ein langsames Eintauchen in die Finsternis. Oben am Tisch sitzend, las ich Antonia Pozzis Berggedichte und ein Buch, das ich in der Bibliothek gefunden hatte, die Geschichte eines ehemaligen Soldaten Napoleons, der die Hütte vierzig Jahre lang bewartet hatte. Gegen sechs musste ich mich ans Fenster verschieben, um noch den letzten Rest der milchigen Helligkeit einzufangen und die Wörter gerade eben noch erkennen zu können. Später zündeten wir eine Kerze an, und wenn auch diese heruntergebrannt war, war es Zeit, schlafen zu gehen. Im Bett nahm ich zwei Decken über den Schlafsack. In totaler Finsternis schlüpfte ich hinein und schlief in Kleidern, die nach Zwiebelsuppe, ausgekochtem Schmorfleisch, Holzrauch und feuchter Wolle rochen – dieser Geruch hatte für mich später lange etwas Vertrautes. Ich dachte an den alten Hüttenwart, der sommers wie winters da gelebt und die Aufgabe gehabt hatte, nach jedem Schneefall den Zugang wieder auszutrampeln, bei Nebel die Glocke zu läuten, für die Gäste den Ofen in Gang zu halten. Unser Leben hundertfünfzig Jahre später sah nicht viel anders aus. Es hatte mich überrascht, dass die beiden jungen Männer mich mit einer solchen Selbstverständlichkeit aufgenommen hatten, aber ich glaubte auch den Grund dafür zu verstehen: Dieselben Bedürfnisse und Abneigungen hatten uns dort hinaufgetrieben, wir hatten uns rasch als Gefährten erkannt.

Man konnte da oben leicht den Überblick über die vergehenden Tage verlieren. Vor den Fenstern herrschte ein eintöniges Weiß, das bis am Abend immer gleich blieb. Nur bei Tagesanbruch sah man manchmal auf das Wolkenmeer hinunter, als wäre unsere Welt von der Welt unten getrennt – die eine strahlend und klar, die andere regnerisch und dunkel. Aber in kurzer Zeit verschlang die aufsteigende Flut Wälder, Weiden, Schutthalden, leckte am letzten Hang und schluckte schließlich auch uns. Wir saßen in der Küche und lauschten, wie das Drahtseil der Fahne gegen die Stange schlug, und dieses Geklingel bildete zusammen mit dem Pfeifen der Murmeltiere, dem Ächzen der Fensterläden im Wind, dem Knistern des Ofens, der Gitarre, die Davide oder Andrea manchmal zur Hand nahmen, obwohl keiner der beiden wirklich spielen konnte, die Musik der Passhöhe.

An manchen Tagen tauchte jemand auf. Nur zwei, drei Personen jeweils, die wir von oben mit dem Fernglas erspähten. Andrea nannte sie Eintagsfliegen. Davide empfing sie in der Tür, servierte ihnen einen Teller Polenta, Toma und ein Glas Wein, begleitete sie, wenn sie übernachten wollten, nach oben und kehrte dann zu uns in die Küche zurück. Wir blieben auf Distanz, nicht weil wir etwas gegen Besuch gehabt hätten, sondern weil diese Menschen zur unteren Welt gehörten und von dort Nachrichten mitbrachten, die wir gar nicht hören wollten. Es ging uns gut ohne sie. Wenn die Eintagsfliegen sich wieder aufmachten, sahen wir ihnen mit dem tröstlichen Gefühl nach, wieder allein zu sein, sie wurden immer kleiner und verschwanden schließlich hinter einer Wegkurve.

Manchmal rissen die Wolken einen Spalt auf, und ich nutzte die Gelegenheit, um fischen zu gehen. Als Köder fing ich Heuschrecken. Auf dem Weg zu irgendeinem See scheuchte ich Gämsen und Steinböcke auf, verließ den Pfad, um sie zu verfolgen, ließ mich von Schneefeldern verlocken. Es war ein Spaß, vereiste Rinnen hinunterzuschlittern, zu stürzen und wieder aufzustehen, dabei allein für mich zu lachen und ungehemmt zu schreien. An diese Verwandlung, die das Bergleben in mir auslöste, erinnerte ich mich noch aus meiner Kindheit – an die Freude, einen Körper zu besitzen, das Gefühl, in seinem Element zu sein. Die Freiheit zu laufen, zu springen, zu klettern, als würden Hände und Füße sich von selbst bewegen und wäre es völlig unmöglich, sich wehzutun. Es war auch ein altersloser Körper – ein anderer als der, der in den letzten Wintern fühlbar älter geworden war.

Auf einem Grat hatte ich einmal ein magisches Erlebnis: Ich stand in den Wolken, und plötzlich trat hinter mir ein Sonnenstrahl hervor. Er projizierte einen kreisförmigen Regenbogen auf die Wolken, und in der Mitte des Kreises war der Schatten eines Menschen zu sehen. Erst nach ein paar Sekunden begriff ich, dass ich das war. Ich war groß und schmal, hatte überlange Beine und Arme, mit denen ich dem anderen Ich, einem lichtumfluteten Alien, zuwinkte. Das Schauspiel dauerte nur kurz, denn beinahe sofort verdunkelte sich die Sonne, und die Luft lud sich elektrisch auf. Jetzt kriegst du eine Dusche ab, sagte ich mir. Im Rucksack trug ich die Ausbeute meines Fischzugs, und während ich zurückeilte, zählte ich alle Rezepte auf, die ich mir nur vorstellen konnte: Forelle in Folie, Bratforelle im Speck, marinierte Forellenfilets, gebratene Forelle mit Alpenbutter und wildem Thymian. Ich hatte Lust, meinen Freunden etwas Gutes zu kochen.

Als unsere halbe Fahne im Nebel auftauchte, fielen die ersten Tropfen. Bevor ich in die Hütte trat, öffnete ich die Dose mit den Ködern und befreite die übrig gebliebenen Heuschrecken.

> Freude, wie du zu singen, Wildbach;
> Freude zu lachen
> und im Mund Zähne zu fühlen,
> so weiß wie dein Kiesbett;
> Freude, einfach an einem sonnigen Morgen
> geboren zu sein,
> zwischen den Veilchen
> einer Alpweide;
> die Nacht vergessen zu haben
> und den Zangengriff des Eises.
>
> Antonia Pozzi, *Alpenwasser*

Tränen

Irgendwann hatte es so weit kommen müssen, und schließlich geschah es an den unpassendsten Orten, die infrage gekommen wären, ausgerechnet mitten auf einer meiner geliebten Geröllhalden, dass ich in Tränen ausbrach. Schon seit fast einer Stunde war ich immer langsamer geworden: Ich ging ein paar Schritte aufwärts, blieb stehen, krümmte mich, um zu verschnaufen, blickte zum Kamm des Grates hinauf und hatte das Gefühl, keinen Meter vorwärtsgekommen zu sein. Wie viele dieser Wälle hatte ich schon überwunden? Fünf oder sechs Felsmauern, bei denen man nur raten konnte, wo man hinaufsteigen musste, und hoffen, dass man auf der anderen Seite wieder hinunterkam, ohne sich gleich umzubringen. Nicht immer hatte ich Glück gehabt. Zweimal war ich oben angekommen und hatte nur einen Abgrund vor mir gesehen, hatte umkehren und versuchen müssen, an einer anderen Stelle durchzukommen. Schon ein paar Stunden zuvor hatte ich mich müde gefühlt, jetzt war ich schlicht erschöpft, die Riemen des

Rucksacks schnitten in die Schultern ein, und es war mir übel vor Anstrengung, Höhe und Mutlosigkeit, wie es seit meiner Kindheit nicht mehr geschehen war. Doch damals war immer jemand bei mir gewesen. Jetzt musste ich mir gezwungenermaßen selbst Mut machen. Ein großer, brüchiger Felsblock versperrte die Rinne, die ich gerade hochstieg, ich nahm die Hände zu Hilfe und versuchte hinaufzuklettern, musste aber feststellen, dass ich meine ganze Wendigkeit verloren hatte. Ich rutschte ab, stürzte hinunter und landete auf einem großen, flachen Stein, und zwar ungewollt im Sitzen. Wenig später stellte sich der Schmerz ein. Ein Stechen auf Hüfthöhe und ein zur Hälfte aufgeschürftes Bein, aber gebrochen schien nichts zu sein. Den Rucksack als Rückenlehne benutzend, legte ich mich auf den Stein. Und da fühlte ich, wie mir ein Kloß in den Hals stieg, meine Augen sich verschleierten. Weine nur, dachte ich, es sieht dich keiner. So begann ich auf diesem Stein ausgestreckt zu schluchzen, weil ich müde war, mir alle fehlten und ich nicht mehr wusste, wo ich war.

Der Sommer neigte sich seinem Ende zu. Frühmorgens war ich bei der Berghütte aufgebrochen, aber weil ich alles andere als glücklich über die Abreise war, hatte ich beschlossen, für meine Rückkehr einen neuen Weg zu nehmen. Der Abschied würde weniger traurig sein, wenn ich ihn in ein Abenteuer verwandelte, dachte ich.

In einem rund zehn Kilometer entfernten Bergdorf fand an diesem Tag das Schutzheiligenfest statt, das die Hirten zusammen mit Besuchern feierten. Der Karte zufolge hätte ich, um dorthin zu gelangen, bis in den Ort absteigen und in einem parallelen Tal umgekehrt wieder aufsteigen müssen, aber ich war überzeugt, dass ich stattdessen auch oben bleiben und den Gebirgsstock umrunden konnte, der die beiden Täler voneinander trennte. Die Suche nach Abkürzungen ist eine klassische Methode, sich selbst in Schwierigkeiten zu bringen. Nachdem ich mich von meinen Freunden verabschiedet hatte, war ich südwärts losmarschiert, zum Bergsee, der bisher die Außengrenze meiner Erkundungstouren gebildet hatte, dann an ihm vorbei. Ich musste eine Schutthalde überqueren – nur hier und da ein Grasbüschel, ein Flecken Wacholder oder Alpenrosen, vereiste Lawinenrinnen. Das Wetter war wie immer unergründlich. Lange hüllten mich Wolken ein, die sich manchmal lichteten, sodass ich nach einer geeigneten Route Ausschau halten konnte. Von jedem der Gipfel der Bergkette zu meiner Rechten zog sich ein Ausläufer hinunter, nur wusste ich nicht, wie viele es gab und welche Schwierigkeiten sie bargen. Um herauszufinden, wo die besten Durchgänge waren, spionierte ich die Gämsen aus. Ich sah von unten ihre Bewegungen, folgte ihren Spuren über Felsbänder und die kurzen Wegstücke, die ich *Gämsenstege* nannte: schwindelerregende Pfade, die die Bergflanken durchschnitten wie echte alpine Routen. Meine Abkürzung erwies sich als endloses Auf und Ab. Während ich mich einen Hang hochschleppte, überlegte ich, was auf der anderen Seite wohl kommen würde, und hoffte auf eine Hochebene oder einen Kessel. Wenn ich den Grat dann erreichte, stellte ich fest, dass ich nur einen weiteren holprigen Abstieg vor mir hatte, eine weitere Geröllhalde, einen weiteren Aufstieg wie den eben geschafften. Das war die Strafe für meine Überheblichkeit. Als ich fünf Stunden später schluchzend auf diesem Stein lag, war immer noch kein Ende in Sicht.

Nun beobachtete ich den Himmel, beneidete die Wolken darum, wie leicht sie von einem Tal ins andere hinüberwechselten. Ich fühlte mich entmutigt und dumm, mich von einem albernen Spiel – sich verirren, um zu sehen, ob man den Weg wiederfindet, vor allen fliehen, um sich nostalgischen Gefühlen hinzugeben – so weit treiben zu lassen. Ich war mit dem Gedanken ins Gebirge gegangen, dass ich mich irgendwann, wenn ich nur lange genug durchhielte, in jemand anders verwandeln würde und dass diese Verwandlung irreversibel wäre. Stattdessen trat mein alter Feind jedes Mal gestärkter hervor. Ich hatte gelernt, Holz zu spalten, bei Gewitter ein Feuer anzufachen, einen beinahe wilden Gemüsegarten zu pflegen, mit Bergkräutern zu kochen, Kühe zu melken, Heu in Ballen zu pressen und die Motorsäge, die Mähmaschine, den Traktor zu benutzen. Aber ich hatte nicht gelernt, allein zu sein, was das einzige wahre Ziel eines Einsiedlerlebens ist. Diesbezüglich war ich gleich weit wie am ersten Tag. Die Haut an meinen Händen war fester geworden, der Körper magerer und widerstandsfähiger, doch der stets schwächelnde und kränkelnde Geist war immer noch nicht robust. Mehr als einer Waldhütte glich die Einsamkeit einem Spiegelkabinett: Wohin ich auch schaute, überall sah ich mein verzerrtes, fratzenhaftes, ins Unendliche multipliziertes Spiegelbild. Von allem konnte ich mich befreien, außer von ihm. Und so kam es, dass ich auf diesem Stein mein Abenteuer für gescheitert erklärte.

Während ich mich selbst bemitleidete, sah ich über meinem Kopf einen Adler kreisen. Seine Runden wurden immer enger, als hätte er eine Beute ins Auge gefasst, und mir kam spontan der Verdacht, dass ich selbst diese Beute sein könnte. Ich lag regungslos da, und der Adler konnte mich auch für tot halten. Wenn ich tot wäre, überlegte ich, würde er sein Zögern nach einer Weile aufgeben und sich auf das Festmahl stürzen. Ich hatte immer wieder bis auf die Knochen abgenagte Gämsen und Steinböcke gefunden: Ihre Skelette bedrückten mich, aber der Gedanke, dass sie dafür jemand anderem Kraft gegeben hatten, war tröstlich. Falls ich die Wahl hätte, würde auch ich gern ein solches Ende nehmen.

Dann stand ich auf. Sofort gewann der Adler an Höhe und flog davon. Ich stellte die Träger des Rucksacks ein, schnallte den Hüftgurt zu. Die Schmerzen von meinem Sturz waren nicht allzu groß, und ich wusste, dass mir noch ein wenig Energie blieb. Diesmal überwand ich den brüchigen Felsblock und stieg dann im gleichen Rhythmus wie zuvor weiter auf, zwei Schritte und eine Pause, zwei Schritte und eine Pause, konzentrierte mich jetzt aber nur noch darauf, wo ich die Füße hinstellte, und blickte nicht mehr nach oben. Erst als ich wirklich auf dem Gipfel war, merkte ich, dass ich es geschafft hatte, und von dort oben sah ich endlich das Bergdorf, das ich suchte. Es waren sechs oder sieben aneinanderge-schmiegte Häuser, fünfhundert Meter unter mir. Darum herum weideten Kühe auf den Wiesen. Über einem offe-nen Feuer hing ein großer Kupferkessel, für den ein Mann zuständig war. Eine kleine Menschenmenge hatte sich vor einer weißen Kapelle versammelt und ließ ein Loblied erklingen, das jemand mit der Trompete begleitete. So ge-rührt über einen Kirchengesang bin ich wohl noch nie gewesen. Ich stellte den Rucksack ab, legte mich erneut hin und schloss die Augen, diesmal, um die Musik und die Sonne zu genießen.

Ich schrie vor Freude im Abendrot.
Suchte Zyklamen im Gesträuch:
war aufgestiegen an den zerfurchten Fuß
eines von Büschen gesprengten Felsens.
Vom Himmel brach ein Wind hinunter
auf die gerölldurchsiebte Wiese,
auf das blonde Haupt der Margeriten,
auf mein Haar, und auf den nackten Hals.
Ich schrie vor Freude, während ich abstieg.
Schwärmte für die stachelige, wilde Kraft,
die meine Knie gierig springen ließ;
für die jungfräuliche, unbekannte Kraft,
die mich wie einen Bogen spannte, wenn ich lief.
Die ganze Strecke roch nach Zyklamen;
die Wiesen lagen ermattet im Schatten,
noch bebend von den Streicheleinheiten aus Gold.
Weit in der Ferne, in einem grünen Dreieck,
verweilte noch die Sonne. Ich hätte
in einem Schwung ins Licht schnellen wollen,
mich in die Sonne legen und mich entblößen,
damit die Göttin in ihrem Sterben
tränke von meinem Blut. Und dann, über Nacht,
auf der Wiese liegen, die Adern leer:
Rasend geworden, steinigten die Sterne
mein ausgetrocknetes, totes Fleisch.

Antonia Pozzi, Wilder Gesang

Rückkehr

Gegen Abend war ich wieder in meiner Hütte. Von ferne lag sie zwischen Bäumen versteckt, erst nach der letzten Kurve im Wald stand sie plötzlich vor mir, so wie es manchmal mit Leuten geschieht, man kommt um die Ecke und trifft jemanden, mit dem man früher befreundet war, und dann weiß man nicht, ob man die Person umarmen soll oder mit gesenktem Blick an ihr vorbeigehen. Meine Gefühle für dieses Haus waren ähnlich. Ich war zugleich getröstet und entmutigt, wieder dort zu sein, ohne die Hoffnungen, mit denen ich zum ersten Mal hergekommen war. Der Steinbockschädel, den ich im Juni gefunden hatte und den ich den *Gott von Fontane* nannte, wachte immer noch vom Fensterbrett aus über sein Reich. Die Alpweiden waren jetzt einfach ein wenig gelber, und der Napf, den ich für die Hunde benutzte, lag verkehrt herum im Gras. Ihnen werde ich ein wenig gefehlt haben, dachte ich, und dem kleinen Gemüsegarten sehr: Er war von Unkraut überwuchert und von irgendeinem Kalb auf der Suche nach Salat verwüstet worden. Man sah noch seine Abdrücke in der weichen Erde. Ich war höflicher und zog mir auf den Eingangsstufen die Bergschuhe aus, stellte den Stock neben die Tür. Im Haus leerte ich den Rucksack direkt in die Waschmaschine: Wochenlang hatte ich immer wieder die gleichen Kleider angezogen, ohne dass es mich während meiner Streifzüge durch die Berge gestört hätte, nun aber, zu Hause, stanken sie schrecklich. Später, als ich draußen die Wäsche aufhängte, begegnete ich meinem Nachbarn, dem Hirten, der gekommen war, um sich im Namen seines Kalbs zu entschuldigen. Er war furchtbar verlegen, ob wegen des Schadens oder wegen der Pflicht, sich zu entschuldigen, weiß ich nicht. Er könne mir als Entschädigung eine Kiste Gemüse bringen, bot er an, aber ich lehnte dankend ab, das sei nicht nötig. Der Garten war von Anfang an keine gute Idee gewesen. Es machte mir nichts aus, ihn der Wiese zurückzugeben.

Abends vor dem Feuer beschloss ich, mit der Hütte Frieden zu schließen. Wie viel hatten wir zusammen erlebt! Eigentlich war ich gerade deswegen vor ihr geflohen, weil sie mich so gut kannte und die Tage, die schlaflosen Nächte, die Wahnvorstellungen, die Ängste und Euphorien meiner Einsamkeit gesehen hatte. Unserer Beziehung hatte es gutgetan, dass ich für eine Weile gegangen war. Ich setzte mich hin, um ein Glas Wein zu trinken und die Holzdecke zu betrachten, die Silhouetten von Wölfen, Bären und Eulen, die ich in den Knoten des Holzes erkannte. Sie waren mir ebenso vertraut wie eine Landschaft der Kindheit. Ich dachte an meine Augustausflüge, an die Winde im Hochgebirge, an den ganzen Regen, den ich abbekommen hatte, an die Male, da ich Angst gehabt hatte, und begann der Hütte, dem Feuer, dem Wein, dem Stück Sternenhimmel, das ich durch die Dackluke sehen konnte, dankbar zu sein.

Am nächsten Morgen blieb ich im Haus, um zu lesen und zu kochen. Am Nachmittag ging ich bei Gabriele und Remigio vorbei, dann strolchte ich den Rest des Tages im Wald herum. Ich sammelte Wacholderbeeren für einen Braten und eine Dose voll Heidelbeeren, die ich in Grappa einlegen wollte. Nun war das Unterholz getupft von großen gelben Lärchenröhrlingen, dem einen oder anderen Riesenschirmling auf einer Lichtung und ein paar Fliegenpilzen. Falls es Steinpilze gegeben hatte, war mir jemand zuvorgekommen. Aber mehr als die Pilze interessierten mich die Bäume. Ich las Rigoni Sterns »Wildes Arboretum«, nur dass ich in einer viel höheren Lage wohnte als er und es weit und breit weder Buchen noch Eschen, Eichen, Birken oder Kastanien gab, die ganze Vielfalt der mittleren Bergwaldstufe fehlte. Auf zweitausend Metern gab es nur vier Baumarten, und ich fühlte mich ihnen ergeben wie einer Schar Schutzheiliger. Sie wachsen an der oberen Baumgrenze und sind die Letzten, die sich dem Frost beugen. Ich hatte das Gefühl, ebenfalls eine Grenze ausgetestet zu haben – meine eigene –, und zwar indem ich erprobt hatte, mit wie wenig ich auskommen konnte, wie viel Einsamkeit ich aushielt. Die Nase in die Luft gestreckt, streifte ich durch den Wald und betrachtete die Wipfel, das Spiel der Sonne in den Ästen. Ich glaube, ich hätte sie am liebsten alle einzeln umarmt. Zu Hause schrieb ich:

Vor der Rottanne empfinde ich Respekt wie vor dem Bewohner eines dunklen Landes. Sie lebt an feuchten Hängen und in Schattentälern. Dank der Feuchtigkeit wächst sie rasch: Ihr Holz ist leicht, schwammig und geeignet, Häuser gegen Kälte zu isolieren. Mein Respekt diesem Baum gegenüber, den ich nie ganz verstehen werde, ist formaler Natur. Mich beunruhigt seine Gleichgültigkeit gegenüber den Jahreszeiten – eine immergrüne Pflanze ist wie ein Gesicht, das seinen Ausdruck nie verändert. Ich misstraue ihrer perfekt geformten Krone, die es schwierig macht, die einzelnen Exemplare voneinander zu unterscheiden. Große Rottannenflächen erinnern mich an die Wälder des Nordens, an Seen und Fjorde, an Schnee. Aber einmal kletterte ich im Juli auf einen Felsblock und sah etwas, das ich nie vergessen werde: die mit blauen Blüten bedeckte Spitze einer Tanne, nur die obersten, sonnenexponierten Äste – ein privates Spektakel für die Vögel am Himmel.

Die Waldkiefer bewundere ich wie einen Pionier. Sie ist der erste hochstämmige Baum, der Schutthalden und von Lawinen ausgefegte Rinnen besiedelt. Sie versenkt ihre Wurzeln zwischen den Felsen und hält sie mit diesem Netz zusammen. Die Kargheit des Geländes lässt ihre Form unregelmäßig, bizarr werden, jede ist anders, alle sind krumm und gewunden wie die Knochen alter Gebirgler. Aus Waldkiefer Bauholz zu gewinnen, ist unmöglich. Sie eignet sich auch nicht für den Ofen, weil ihr Harz die Rauchabzüge in Brand setzen würde. Aber dasselbe Harz ist der erste Duft im Wald, der aus dem Winterschlaf erwacht. Der Geruch erinnert mich an den Süden und an das Meer – vielleicht weil die mediterrane Macchia ihren Duft anderen Kieferarten verdankt. So ist die Waldkiefer ein Traum von Sonne im verschneiten Wald.

Die Lärche liebe ich wie einen Bruder. Sie gibt dem Haus und dem Feuer in meinem Kamin den Geruch. Eine Lärchenreihe sehe ich, wenn ich den Blick vom Blatt hebe und nach draußen schaue. An windigen Tagen wogen die Stämme wie Ähren.

Die Lärche verbringt lange Monate im Schlaf, bevor sie im April austreibt, und sie wechselt im Laufe des Sommers ihre Farbe. Von einem satten Grün im Juni über ein ausgeblichenes im August zu Gelb und Rot im Oktober. Sie liebt die Sonne, die Südhänge der Berge, trockenes Gelände. Auf der Suche nach Licht wächst sie in die Höhe, höher hinaus als die Gefährten um sie herum. Deswegen vertrocknen die untersten Äste nach und nach, ähnlich, wie es mit den Palmblättern geschieht, und dann braucht es nicht mehr viel, dass sie brechen. Aber so brüchig die Äste sind, so solide ist der Baumstamm: Aus Lärche sind die Balken von Brücken und Häusern. Die Bergbewohner pflegen das Baudatum am First einzugravieren. Die eindrucksvollsten Bauten des Tals stammen alle aus dem 18. Jahrhundert. Wenn ich sie betrachte, denke ich an die vierhundertjährigen Lärchen, die ein Jahrhundert im Wald verbracht haben und drei weitere damit, ein Haus zu tragen, und das scheint mir der edelste Dienst, den ein Baum einem Menschen erweisen kann.

Die Zirbelkiefer verehre ich wie eine Göttin. Der Stock, mit dem ich wandere, stammt von ihr: Ihr Holz ist weiß, wird nicht gelb und erweist sich beim Gang durch die Berge als stark und elastisch. Anderswo lebt sie in Wäldern, hier ist sie hingegen ein – äußerst langsam wachsender – Solitär. Die Vögel verstecken ihre Samen in geheimen Vorratskammern, in Felsspalten im Hochgebirge. Dann braucht es nur ein wenig Erde, ein Rinnsal aus Regenwasser, und schon wächst dort oben ein Zirbelkieferbusch – am Rand eines Abgrunds, auf einem Felsvorsprung, an Stellen, die für den Menschen nicht zugänglich sind. Wegen der Kunststücke, die sie beim Wachsen vollführen müssen, wegen des Schnees, der sie verdreht und krümmt, wegen eines Blitzes, der sie spaltet, nehmen sie bisweilen abenteuerliche Formen an. Den mutigsten Baum fand ich auf zweitausendfünfhundert Metern: ein Zirbelkieferbusch auf einem winzigen Felsband, das ihn vor dem Wind schützte und ihm ein wenig Wasser vom Himmel sammelte. Ich hatte das Gefühl, einen geheimen Tempel entdeckt zu haben, und muss etwas Gebetsähnliches ausgesprochen haben.

Wörter

Remigio las alles Mögliche, aber in erster Linie schwierige Bücher. In diesem Jahr Sartre, Camus und Saramago. Es war verblüffend, beim Wandern diese Namen zu hören, unsere gegensätzlichen Lesegeschichten zu rekonstruieren: Bei mir, dem Gymnasiasten aus der Stadt, war es schließlich so weit gekommen, dass ich die intellektuellen Schriftsteller satthatte und mein Herz für die amerikanische Literatur der Grenzen und der Straße schlug. Seine Schulbildung beschränkte sich hingegen auf acht Jahre; in einem Bergdorf aufgewachsen, entdeckte er nun mit fünfundvierzig die Klassiker. Er erzählte mir von seiner einsamen Kindheit als verschüchtertes Einzelkind ohne Freunde. Mit vierzehn hatte er angefangen, zusammen mit seinem Vater als Maurer zu arbeiten. Die Arbeit war ihm lieber, als zur Schule zu gehen, aber er war ein nachdenklicher Typ und war sich irgendwann einer großen Einschränkung bewusst geworden: Die Wörter, die er kannte, reichten nicht aus, um zu sagen, wie er sich fühlte.

Ich blieb stehen. Wir spazierten durch den Septemberwald, ohne jemandem zu begegnen. Wie meinst du das?, fragte ich neugierig. Er meine, erklärte Remigio, dass er immer Dialekt gesprochen habe, und der verfüge zwar über einen reichen Wortschatz, um Orte, Werkzeug, Arbeiten, Teile des Hauses, Pflanzen und Tiere zu bezeichnen, werde aber plötzlich arm und vage, wenn es um Gefühle gehe. Weißt du, wie man sagt, dass man traurig ist?, fragte er. Man sagt: *Sie wird mir lang*, nämlich die Zeit. Wenn du traurig bist, geht sie nie vorbei. Aber der Ausdruck passt auch, wenn du Sehnsucht hast, wenn du dich einsam fühlst, nicht schlafen kannst, mit deinem Leben nicht mehr zufrieden bist. Remigio hatte irgendwann beschlossen, dass ihm diese vier Wörter nicht mehr reichten, er brauchte neue, um sagen zu können, wie es ihm ging, und so begann er, in Büchern danach zu suchen. Deswegen war er zu einem so unersättlichen Leser geworden. Er suchte nach Wörtern, die ihm über sich erzählten.

Wie alle Leute dort hatte er im Sommer einen Beruf und im Winter eine Arbeit. Im Sommer renovierte er alte Häuser, im Winter arbeitete er als Raupenfahrer auf den Skipisten. Die Schichten und das Gehalt passten ihm weniger, aber umso mehr die Landschaft: nachts allein auf einer riesigen, weißen Fläche, im Scheinwerferlicht die Felsnadeln in dreitausend Metern Höhe, in der Kabine ein wenig Musik und draußen Wind oder dichter Nebel oder der Sternenhimmel.

Einmal wäre er beinahe gestorben. Er war fünfundzwanzig und präparierte gerade eine der unteren Pisten, genau jene, die an meiner Hütte vorbeiführte. Plötzlich sah er, wie sich die Lärchen bis zur Erde hinunterneigten, und hatte gerade noch Zeit, über die Heftigkeit des Windes zu staunen, als ihn die Druckwelle schon erfasste. Es war kein Wind, es war die Front einer Lawine. Der Druck in der Luft allein reichte aus, um die Windschutzscheibe zu zertrümmern. Irgendwann kam Remigio im Wrack der Schneeraupe, die zwischen den Bäumen gestrandet war, wieder zu sich. Obwohl ihm alles wehtat, schälte er sich heraus und schleppte sich ins Tal. Der schlimmste Feind während des Abstiegs sei nicht der Schmerz gewesen, sondern die Müdigkeit, die Versuchung, stehen zu bleiben und sich auszuruhen. Und er habe eine neue Seite von sich entdeckt, die leidenschaftlich am Leben hänge, und dank ihr habe er es nach Hause geschafft – wo er ankam und ohnmächtig wurde, sobald er über die Schwelle getreten war.

Er sagte aber nicht *nach Hause*. Obwohl er von Häusern besessen war, griff er immer auf Umschreibungen zurück, wenn es um sein eigenes ging. Gehen wir zu mir, sagte er. Oder: dort wo ich wohne. Nie hörte ich: *bei mir zu Hause*. Ich fragte mich nach dem Grund dafür, wo ich selbst doch jeden Ort, an dem ich wohnte, nach einer Weile mein Zuhause nannte. Fühlte er sich nirgends zu Hause, oder waren die Häuser für ihn austauschbar, weil ja das ganze Tal sein Zuhause war?

Da er nie weggekommen war, schlug sein Herz für die Menschen, die kamen und gingen. Das war schon als Kind so gewesen. Am liebsten hatte er sich mit Fremden unterhalten, wie ein Stein, der einen Vogel fragt, was es auf der anderen Seite des Berges gibt. Er revanchierte sich, indem er jemandem, mit dem er Freundschaft geschlossen hatte, einen besonderen Ort zeigte, einen großen See, dessen Düsterkeit der seinen ähnlich war, und genau dahin waren wir nun unterwegs. Auf dem Weg nannte er mir die Namen der Orte, aber es waren nicht die Dörfer oder Gipfel der offiziellen Landkarten – seine Landkarte setzte sich aus einem Wald, einer Lichtung, einer Talsenke, dem Findling mitten auf einer Alpweide zusammen. Weißt du, wie das hier heißt?, sagte er. Das ist der *plan de sardognes*, der *prà perà*, der *sasc murel*, die *borna de' grai*. Diese Bezeichnungen tauchten in keinem Kataster auf. Nur wenige Menschen erinnerten sich noch an sie. Sie hatten einst Grenzen und Grundbesitze definiert, waren aber in Vergessenheit geraten, als man den Berg verlassen hatte. Und so litt derselbe Remigio, der sich als Kind über neue Wörter gefreut hatte, nun unter dem Verlust von Wörtern und nicht weniger unter den Ruinen, an denen wir beim Aufstieg vorbeikamen. Auch diesen Häusern hatte man seinerzeit Namen gegeben. Später stürzte das Dach ein, fielen die Mauern in sich zusammen, und als Letztes fiel der Name. Einer nach dem anderen würde verschwinden, bis keiner mehr wissen würde, wie der Stein, die Lichtung, die Talsenke hießen, und dann hätte der Berg sich nicht nur vom Menschen befreit, sondern auch von dessen Bedürfnis, den Dingen einen Namen zu geben. Manchmal erinnerte sich Remigio an einen Ausdruck, aber nicht an seine Bedeutung – irgendein Laut, den er als Kind gehört hatte –, und dann befragte er seine Mutter, die zweiundsiebzig war, fünf Kühe und zwei Hunde hatte und zusammen mit den vergessenen Wörtern außerhalb der Zeit lebte.

Durch die Ruinen führte er mich wie ein Archäologe. Er renovierte schon ewig Hütten und hatte unzählige gesehen. In einer hatte er notarielle Dokumente aus dem 17. Jahrhundert gefunden: Testamente, Eigentumsübertragungen, Bauaufträge. Er schmunzelte darüber, dass man früher, wenn man ein Haus in Auftrag gab, keinen Plan zeichnete, sondern bloß die Zimmer aufzählte, die es haben sollte. Die Auswahl war ja stets dieselbe: ein Wohnzimmer, ein Stall, eine Heubühne, Balkone, um den Roggen zu trocknen, ein Raum, um ihn aufzubewahren. Die Ruinen, die wir besichtigten, waren noch viel einfacher. Remigio studierte die Details: die Art, wie der Kamin, eine Nische in der Wand oder ein Fensterbogen gebaut war. An diesen Einzelheiten war das Baudatum zu erkennen. Er erklärte mir die Verfahren haarklein, während ich ungeduldig in der Tür stand, weil es drinnen dunkel war und draußen die Sonne schien und mir die Wiesen und Wälder so viel lieber waren als diese alten Steinhaufen.

Inzwischen war es Herbst geworden, und wir zogen spätnachmittags los, wenn die wenigen noch verbliebenen Wanderer schon ins Tal zurückkehrten. Zügig stiegen wir ein oder zwei Stunden bergauf, und dann hatten wir im Abendrot den Berg ganz für uns. Wir blieben am Fuß irgendeiner Schutthalde stehen und dachten uns jedes Mal eine neue Route aus. Einen Wildbach entlang aufsteigen oder in einer Rinne Gämsspuren folgen. Gehen wir da hoch?, sagten wir zueinander. Beim Aufstieg begegneten wir dann Gämsen, die uns überrascht anblickten, bevor sie in zwei, drei Sätzen verschwanden. Was habt ihr zu dieser späten Stunde hier zu suchen?, schienen sie zu fragen. Habt ihr eigentlich kein *Zuhause?*
Remigio fotografierte sie. Es waren Herden von fünfzehn, zwanzig Tieren. Das Glück unserer Blitztouren erfüllte sich nicht vor einem Gipfelkreuz oder am Tisch einer Berghütte, sondern in der untergehenden Sonne inmitten von Felsblöcken, Auge in Auge mit den Gämsen. Wir hätten ihnen sagen wollen, dass sie nicht zu fliehen brauchten und wir einfach nur vorbeigehen würden. Die Angst, die sie vor uns hatten, war die einzige unüber-

windliche Grenze – wir konnten in einem See baden, uns von Himbeeren und Heidelbeeren ernähren, auf einer Wiese übernachten, doch wenn wir an Wildtieren vorbeikamen, flohen diese und erinnerten uns daran, dass wir nicht wie sie waren und es auch nie sein würden.

Ich hielt mich gern am Fuß von Wasserfällen oder an Wildbächen auf, in der Nähe von Wasser in Bewegung. Remigio bevorzugte stehende Gewässer. Sein See war ganz besonders dunkel. Auf der einen Seite war der Berg bis ins Wasser abgerutscht. Mitten im See ragte wie ein Inselchen ein riesiger Felsen heraus. Am anderen Ufer war ein mit Weiden und Alpenrosen bewachsener abschüssiger Hang, durchschnitten von einem Bach, der etwas weiter oben entsprang und den See speiste. Auf halber Höhe an den Hang geklammert, wo dieser sanfter wurde und eine magere Alpweide hergab, harrten ein paar Hütten aus. Eine davon gehörte Remigio. Sie war gegen die Felswand gebaut, sodass drei statt vier Wände reichten und sie über einen natürlichen Lawinenschutz verfügte. Remigio zeigte sie mir von unten, indem er mich mit dem Finger Schritt um Schritt einen imaginären Weg entlang begleitete. Am Schluss glaubte ich vor einer Felswand etwas zu erkennen, in der gleichen Farbe wie die Felswand selbst.

Siehst du sie?, fragte er.

Ja, log ich.

Gehen wir sie anschauen, hast du Lust?

Klar, sagte ich, los geht's.

Nebel. Und dumpfes Kollern von Steinen
in den Rinnen. Von den Schneewehen herunter
Wasserstimmen in der Nacht.

Du legst für mich auf den Strohsack
eine Decke:
mit deinen harten Händen
wickelst du sie mir zart um die Schultern,
nicht dass mir kalt würde.

Ich denke
an das große Geheimnis, das in dir wohnt,
jenseits deiner einfachen Geste, an den Sinn
unserer menschlichen Freundschaft
ohne Worte, inmitten der riesigen Felsen
der Berge.
Und vielleicht gibt es
zwischen uns, in der Stille,
mehr Sterne und Geheimnisse
und unergründliche Wege
als am ganzen Himmel, der sich
jenseits des Nebels erstreckt.

Antonia Pozzi, *Unterschlupf*

Alpabzug

Die Stille, die nun rund um die Hütte herrschte, war nicht der einzige Vorbote des Herbstes gewesen. Der Raureif auf der Wiese, wenn ich morgens mit meiner Kaffeetasse vor das Haus trat. Die Sonne, die später aufging und die Schatten der Lärchen länger machte. Die Wildtiere, die nun, da die Menschen verschwunden waren, wieder auftauchten: Im Abendrot kamen die Rehe aus dem Wald, um zu äsen, der Fuchs schlich auf der Suche nach Nahrung heran. Der Wald vibrierte förmlich vor Betriebsamkeit, wenn ich auf Brennholzsuche ging – das Aufblitzen eines Eichhörnchens an einem Baumstamm, der Sprung eines Hasen in den Wacholder, sich bewegende Schatten. Mario Rigoni Stern schrieb, von den Jahreszeiten gefalle ihm der Sommer am wenigsten, weil sich das Leben vor dem Menschen verstecke und wie abwesend sei, wohingegen er den Herbst liebe, der uns dazu bringe, den Blick wieder zu schärfen, die Ohren zu spitzen und zu lauschen. Er sagte aber nichts über den tödlichen Schlaf, der, wie ich fühlte, allmählich über das Gebirge kam. Ebenso wenig über die ausgetrockneten Wildbäche, das vom Nachtfrost versengte Gras, die Gerüche, die mit jedem Tag etwas schwächer wurden: Es duftete nicht mehr nach Heu, Tannenharz und dem Moos des Unterholzes. In der Luft breitete sich der Rauch der Öfen aus. Es war ein den Gebirglern wohlbekanntes Phänomen, dass die Geräusche nun von weiter her kamen, weil die Vegetation sich gelichtet hatte. Manchmal hörte ich einen Traktor und sah ihn dann auf der Straße zwei oder drei Kilometer talabwärts vorbeifahren. Die Stimmen der Frauen in den Gärten vereinten sich mit dem Kreischen ferner Motorsägen. In den Bergen ist der September nicht der Monat der Weinlese, sondern der Kartoffelernte, der letzten vor dem Schnee. Die beiden Herbstarbeiten: Kartoffeln ausmachen und Holz spalten, im Hinblick auf eine lange, dunkle Jahreszeit.

Nun verbrachte ich viel Zeit im Haus. Ich las, schrieb, hielt das Feuer am Brennen, kochte. Um sieben Uhr setzte die Finsternis ein, und so erfuhr auch ich, dass das Leben den Gebirglern *lang werden* kann. Nach einer Regennacht sah ich am Morgen aus dem Fenster und entdeckte, dass es fast bis zu uns hinunter geschneit hatte. Ich bekam Lust, im Schnee herumzustapfen. Während ich den Saumpfad hochstieg, kam mir eine lange Reihe langsamer Kühe entgegen, mit Hunden und Kindern, die dafür sorgten, dass keine zurückblieb. An der Spitze des Zugs ein Mann und zuhinterst seine Frau am Steuer eines Traktors mit einem vollbeladenen Anhänger. Das war die Désarpa, der Alpabzug. Nicht wegen der Kälte zogen die Hirten von den Alpen hinunter, sondern weil kein Gras mehr da war. Es war ein stummer Abzug, die Tiere brauchten nicht angetrieben zu werden, es gab nichts zu sagen, und ich wusste nicht, ob ich in ihren Gesichtern Müdigkeit oder Wehmut lesen sollte. Innerhalb weniger Tage würden alle ins Tal ziehen.

Oben ging ich um die verschlossenen Alphütten herum, wo bis vor Kurzem noch Glocken klangen. Verriegelte Türen und Fenster, leere Mistgruben. Die schmalen Wasserleiten, die das Wasser von den Wildbächen zu den Tränken und in den Stall gebracht hatten, waren jetzt trocken gelegt. Rostige, umgedrehte Badewannen fristeten auf den Viehweiden ein trauriges Dasein. Am Boden trockene Kuhfladen, Spuren von Traktorrädern, der Pfosten, an dem ein Hund angebunden gewesen war. Es wirkte, als wären die Dinge bei einer plötzlichen Flucht wegen eines Kriegs oder einer Epidemie zurückgelassen worden. Nur die Brennnesseln wucherten noch, aber die wachsen gern, wo keiner mehr ist, sie kennzeichnen Verlassenheit.

Als ich die letzten Alpweiden hinter mir gelassen hatte, dachte ich an eine rührende Szene, die ich im August beobachtet hatte, das Säugen der Steinböcke. Es war eine Herde von etwa zehn Weibchen auf einer Gletschermoräne gewesen, mit sechs oder sieben noch nicht abgesetzten Jungtieren. Was empfanden sie wohl jetzt, in ihrem ersten Schnee? Mit einem Sprung setzte ich über den Wildbach, bei dem ich früher hatte Schuhe und Socken ausziehen müssen, um ihn zu durchwaten: Er war zu einer Anreihung von Pfützen geschrumpft, in denen Forellen gefangen waren, ich hätte sie mit der Hand erwischen können. Das Eis lasierte die Ufersteine, und dieselbe gläserne Schicht fand ich auch an den nach Norden ausgerichteten Felswänden. Der Kessel mit den Bergseen war ganz weiß geworden. Schnee bedeckte die Murmeltierhöhlen, die Wegspuren. Unter diesem Himmel war auch das Wasser bleiern, fast schwarz. Für lange Zeit würde es keinen Sonnenstrahl mehr sehen. Mein Streifzug in den Winter versetzte mich in düstere Stimmung, und ich war erleichtert, als ich wieder Gras unter den Füßen hatte.

Die Lastwagenplane über Gabrieles Dach war noch schneeverkrustet, und beim Näherkommen dachte ich an meinen Freund, der sich mit einem Höllentrunk aus Kaffee, Alpenbutter, Zucker und Wein aufzuwärmen pflegte, von dem auch ich aus Gründen der Gastfreundschaft und des Stolzes einige Male eine Tasse hatte schlürfen müssen. Hoffentlich würde es diesmal nicht so weit kommen. Ich traf ihn mit Keilen und Hammer vor dem Stall an, wo er sich an einem Holzstoß abarbeitete, der höher war als er. Die alte Lärche musste gewunden gewachsen sein und wollte sich nicht spalten lassen. Jedes Scheit erforderte drei oder vier Keile und viel mehr Anstrengung als sonst. Gabriele legte gern eine Pause ein, um mich zu begrüßen. Er war ein wenig traurig über den Abzug der Hirten. Man war zwar nicht mit allen befreundet, aber er fand es tröstlich, Menschen um sich herum zu haben, die das gleiche Leben führten wie er. Was ihn betraf, lag ihm die Désarpa noch fern: Lachend erklärte er, das sei nur eine Frage der Vorräte, mit vollem Keller würde er es gut bis Weihnachten aushalten. Während er sprach, bemerkte ich, dass es ungewöhnlich still war. Weit und breit keine Kühe, und statt die Weide zu bewachen, sah Lupo seinem Meister bei der Arbeit zu. Gabriele zuckte mit den Schultern, als ich nach dem Grund fragte. Er nahm den Hammer wieder zur Hand und erzählte mir dann zwischen den Schlägen, dass er am Morgen wie immer den Stall geöffnet hatte, aber die Luder hätten nur zur Tür hinausgeschaut und sich, als sie den Schnee sahen, wieder zurückgezogen. Ihr Bier, sagte er. Ich lasse sie einen Tag fasten, und morgen kannst du dann sehen, wie sie rausstürmen wie Kälber. Da es inzwischen Mittag war, die Kühe Hausarrest hatten und der Lärchenstamm sich nicht einmal mit den vielen Keilen im Leib spalten ließ, warf er schließlich den Hammer zu Boden und schlug vor, im Ort unten etwas essen zu gehen. Warum nicht, sagte ich, aber wie kommen wir da hin? Er kratzte sich am Kopf, sah auf den Traktor, den er mitten auf der Weide hatte stehen lassen, und gestand, dass der Diesel alle war. Allerdings, fügte er an, habe er zu Hause, falls ich damit etwas anfangen könne, ein schönes Stück Kalb, das ihm ein Freund gebracht habe. Das war seine umständliche Art, um etwas zu bitten. Alles klar, antwortete ich. Ich erwarte dich in einer Stunde zum Essen, und wasch dir gut die Hände.

Am nächsten Tag zogen auch meine Nachbarn ins Tal. Mehr als um die Menschen, mit denen ich nie richtig Freundschaft hatte schließen können, tat es mir um die Hunde leid. Mir fehlte der Klang der Glocken, der ihre Besuche ankündigte. Da Stummel im Schritt kam, Billy im Trab und Lampo im Galopp, hatte ich sogar gelernt, sie am Gebimmel zu unterscheiden. Sie gingen ohne Abschied, und ich dachte: Das ist auch besser so. Hunde mögen Abschiede bekanntlich überhaupt nicht, und auch ich bin kein großer Held der Rituale. Ich wusch ihren roten Napf aus, und damit war ein weiteres Stück Sommer weg, ins Haus geholt und verstaut. Sobald nichts mehr übrig sein würde, wäre es an der Zeit, die Tür zu schließen und abzureisen.

Doch Stummel, Billy und Lampo wurden durch andere Hunde ersetzt, die nicht bimmelten. Eines Morgens weckte mich ihr wütendes Gebell. Ich trat in die Tür und sah eine Meute Spürhunde, die zum Wald und zurück liefen und auf die Rufe zweier Unbekannter hörten. Die trugen Ferngläser um den Hals, Tarnanzüge und hatten sich Gewehre umgehängt. Ich hatte nie daran gedacht, dass irgendwann die Jagdsaison beginnen würde. Die Hunde liefen hysterisch herum, waren aufgeregt von den Gerüchen des Waldes. Von diesem Tag an wiederholte sich dieselbe Szene jeden Morgen, und in den Stunden um Tagesanbruch hallten Gewehrschüsse wider. Ich hörte sie vom Bett aus und bat den Waldgott nach jedem Schuss, er möge ins Leere gegangen sein. Ich dachte an die Gämsen in der Höhe, an die Rehe, an die so begehrten Hirsche. Während dieser Woche wurde der kleine Platz am Ende der Straße bei Sonnenuntergang zum Treffpunkt der Jäger, denn dann kamen die Hirsche aus dem Wald, um an den Rändern der Weiden zu äsen, wo das Gras fetter war als auf den Lichtungen. Sechs Tage lang beobachteten die Jäger mit dem Fernglas ihre Bewegungen und zeitlichen Gewohnheiten. Sie zählten sie, stellten Messungen an, verteilten sie sogar untereinander: Der gehört mir, den nehme ich, sagten sie, wehe, es rührt ihn jemand an. Die Hirsche wussten nicht, dass der siebte Tag ihnen zum Verhängnis werden würde – am Sonntag hätten sie sich verstecken, hätten sie den Festtag heiligen sollen.

Ein alter Jäger kam jeden Morgen an der Hütte vorbei. Er streifte in der Umgebung durch den Wald, vielleicht weil er es nicht weiter hinauf schaffte. Eines Tages hörte ich zwei Schüsse, und wenig später sah ich, wie er davonzog, mit einem Hasen unter dem Arm, der an den Hinterpfoten baumelte und die langen, grauen Ohren bis auf den Boden hinunterhängen ließ. Ich war mir sicher, dass es mein Freund war. Der Hase, dessen Abdrücke ich im Frühling gesehen hatte, als ich unter der Einsamkeit litt und diese Begegnung für mich so wertvoll gewesen war. Derselbe Hase, der mich jeden Abend aus der Ferne musterte, sodass ich hoffte, er würde es früher oder später, sobald er sich an mich gewöhnt hätte, endlich wagen, näher zu kommen. Nun kam mir diese Hoffnung peinlich naiv vor: Wie hätte der Hase zwischen mir und den Jägern unterscheiden sollen? Und was hatte eigentlich ich unter diesen zu suchen? Ich empfand seinen Tod als inakzeptables Verbrechen und hasste den Mann aus tiefstem Herzen.

Letzter Trinkabend

»Das Ende ist wichtig in allen Dingen«, heißt es im *Haga-kure*, dem Ehrenkodex der Samurai. Und ich verbrachte meine letzten Tage in den Bergen mit dem Gedanken daran, dass ich zu einem guten Ende kommen wollte. Jeden Morgen hing am Brunnen ein langer Eiszapfen. Wenn ich nach draußen auf Brennholzsuche ging, brach ich ihn ab, umklammerte ihn, bis er mir an der Haut klebte, und ließ ihn dann los, um ihn in den Lärchennadeln schwimmen und schmelzen zu lassen. Nach klaren Nächten zeigte das Außenthermometer minus fünf Grad an. Bevor ich wieder ins Haus ging, kontrollierte ich den Latschenkieferbusch, den ich in der Nähe gepflanzt hatte. Er stammte aus den Dolomiten, war das Geschenk eines Freundes. Obwohl es nicht seine Gegend war, hoffte ich, dass er anwachsen und unter dem Schnee bis zum Frühling durchhalten würde. Drinnen zündete ich im Kamin ein Feuer an, machte Kaffee, rekonstruierte die Wege der Maus, die mir Gesellschaft leistete. In der Nacht hatte sie die Küchenabdeckung, die

Kochplatten, das Spülbecken erkundet, hatte eine Runde über das Wandbord mit der Pasta und dem Reis gemacht und zwischen den Bodenbrettern nach Brotkrumen gepult. Diese geduldige Arbeit hörte ich von meinem Bett aus, wenn ich wach lag. Ich wusste nicht mehr, was ich mit ihr machen sollte: Anfangs war sie scheu gewesen und nur in tiefer Nacht gekommen, dann hatte sie begriffen, dass ich ein toleranter Hausherr war, und Vertrauen gefasst. Nun hatte ich sie sogar beim Kochen um mich. So kann es nicht weitergehen, sagte ich mir, während ich die Hütte von den Spuren ihres Besuchs reinigte. Ich hätte an den wilden Bergler in mir appellieren, den Besen nehmen und sie erschlagen sollen. Mein Stock war mir vor Kurzem bei der Überquerung eines Wildbachs zerbrochen. Die Metallspitze war zwischen zwei Felsblöcken stecken geblieben, und als ich versuchte, ihn wieder herauszuziehen, fiel er *knack* der Hebelwirkung zum Opfer. Ich hatte entschieden, keinen neuen mehr anzufertigen, weil ich ihn ja ohnehin nicht mehr brauchte. Dafür hatte ich die Überreste des alten aufbewahrt: Mein mit dem Klappmesser geschältes und in der Sonne getrocknetes Stück Zirbelkiefer, das von den Steinen der Schutthalden zerkratzt und vom Schweiß poliert war, würde am letzten Abend im Kamin enden. Und danach würde ich vielleicht aufhören, Mäuse, Stöcke und mir an den Füßen auseinanderfallende Schuhe ins Herz zu schließen.

Gabriele behauptete immer noch, er würde ins Tal ziehen, sobald der Wein ausgetrunken wäre. Sehr lustig, aber ich kannte seine Sprüche inzwischen. Die Korbflaschen waren schon eine Weile leer, und wir kauften nur noch Flaschen im Supermarkt. In Wirklichkeit hatten wir alle drei unabhängig voneinander beschlossen, Ende Oktober zu gehen, Gabriele, Remigio und ich. Die Wettervorhersagen kündigten Schnee an, diesmal richtigen, den ersten Winterschnee. Und so hatte der eine im Ort unten ein Zimmer gefunden, das er nun von alten Möbeln befreite, um einen Ofen, ein Feldbett und einen Tisch hineinzustellen. Der andere würde in sein Winterhaus ziehen, auch wenn er nicht einmal dieses je als *Zuhause* bezeichnet hätte, und ich würde in die Stadt zurückkehren, um im Stau auf der Ghisolfa-Brücke durch die Scheibe auf die Berge zu schauen. Aber zuerst musste ich noch einen letzten Plan umsetzen. Schon lange wollte ich einmal einen Abend mit den beiden zusammen verbringen, aber sie waren meinen Einladungen regelmäßig ausgewichen. Obwohl sie sich seit je kannten, waren sie aus irgendeinem Grund nie Freunde geworden, und das fand ich schade, weil ich beide sehr mochte. An einem Oktobertag startete ich einen Frontalangriff und sagte: Hört mal, ich koche heute Abend, ihr bringt was zu trinken mit, und keine Ausreden, seht es als Geschenk an, das ihr mir macht. Und sie machten es mir wirklich. Etwas verlegen, mit je einer Flasche Wein und schön angezogen, tauchten sie beim Eindunkeln vor meiner Tür auf. Es wurde ein schöner Abend. Wenn ich in den Bergen etwas Gutes zustande gebracht habe, wenn ich etwas auswählen müsste, auf das ich stolz bin, dann ist es, dass ich diese beiden an denselben Tisch gebracht habe, dass wir vor der Abreise zusammen einen guten Abend hatten.

Den letzten Tag verbrachte ich damit, die Hütte winterfest zu machen. Die Kaminasche verstreute ich im verwilderten Gemüsegarten. Als Dünger taugte sie wohl nicht viel, aber ich fand es richtig: So gab ich dem Berg die im Mai umgestürzte Lärche, die mich monatelang gewärmt hatte, wieder zurück. Das Loch, in dem ich draußen Feuer gemacht hatte, deckte ich mit ein paar Schaufeln Erde zu und stapelte das übrig gebliebene Holz unter dem Balkon auf, trug die Säge, die Hippe, den Spaten und die Harke ins Haus. Dann wusch ich mir am eiskalten Brunnen die Hände und blickte mich um. Es war alles so, wie ich es am ersten Tag vorgefunden hatte. Ich musste nur noch die Gasflasche zudrehen, die Wasserleitungen leeren, das Licht ausschalten und gehen.

Zur Mittagszeit kam Gabriele und sagte: Ich bin nicht besonders gut darin, mich zu verabschieden. Ich auch nicht, sagte ich. Also ciao, sagte er. Die Kühe hatte er nicht mehr, er arbeitete nun schon bei den Skiliften, wo es vor dem Winter Sessel zu demontieren, Getriebe zu ölen und Schrauben anzuziehen gab. Dann fuhr er auf seinem Traktor davon, während Lupo wie immer in die Vorderräder biss, bellte und sich quer auf den Weg legte, als wollte er sagen: Wohin willst du, komm zurück. Remigio hingegen jagte mich fast weg, als ich bei ihm vorbeiging, um mich zu verabschieden, er gab vor, wichtige Dinge erledigen zu müssen, um mir wenig später eine Nachricht zu schicken und sich zu entschuldigen, er sei traurig und habe mich nicht umarmen können. Ich verstand auch ihn.

Ich war schon eine Weile nicht mehr in der Höhe gewesen, vormittags war der Berg von einer Eisschicht bedeckt. So nutzte ich den sonnigen Nachmittag, ging sofort nach dem Mittagessen los und stieg zügig bergan, weil ich wusste, dass mir bis zur Dunkelheit nur noch wenige Stunden blieben. Es war, als würde ich zum Andenken eine Filmaufnahme machen. Den Grat erreichen und nach den vielen Monaten noch einmal einen unbekannten Hang entdecken, über einen nie genommenen Pfad laufen. Auf der anderen Seite zu einer Hochebene absteigen. Durch das Fenster in eine Alphütte spähen: ein Tisch, Stühle, auf dem Wandbord gestapelte Teller, Konserven, als wäre jemand eben erst fortgegangen und hätte davor ein wenig aufgeräumt. Dann den Berg betrachten und eine schöne Linie wählen, schön für jemanden, der die Schönheit des weglosen Wanderns kennt, und hoch oben auf Gämsenstegen traversieren. An verlassenen

Tierhöhlen, gespaltenen Bäumen, vom Herbst entflammten Lärchen vorbeikommen, eine Schutthalde überqueren, indem man zwischen kahlen Alpenrosen von einem Felsblock auf den nächsten springt. In einem Wildbach Hände und Gesicht nass machen. Von den Oktoberheidelbeeren kosten, die inzwischen keine Blätter mehr haben, aber noch, vom Nachtfrost gefrorene schrumpelige, dunkle, rosinensüße Beeren.

Das hatte ich auch als Kind immer gemacht, einen letzten Rundgang, um mich vom Berg zu verabschieden. Ich hatte kleine Zettel geschrieben und sie in Felsritzen, in Spalten in der Rinde versteckt. Damit meine Worte auch nach mir noch dort sein würden: Genau wie dieses Buch.

Es war Zeit, hinunterzugehen. Ich wusste bereits, was ich im Winter träumen würde.

Zitat- und Textnachweis

Henry David Thoreau, *Walden oder Leben in den Wäldern*, aus dem Amerikanischen von Emma Emmerich und Tatjana Fischer, Copyright der deutschsprachigen Ausgabe © Diogenes Verlag AG Zürich 1971

Primo Levi, *Das periodische System*, aus dem Italienischen von Edith Plackmeyer, Aufbau-Verlag Berlin und Weimar 1979 © Aufbau Verlag GmbH & Co. KG Berlin 1979, 2008

Fabrizio De André, *Non al denaro non all'amore né al cielo* (Produttori Associati)

Elisée Reclus, *Geschichte eines Berges*, aus dem Französischen von Michael Halfbrodt, Edition AV Lich 2013

Jon Krakauer, *In die Wildnis: Allein nach Alaska*, aus dem Englischen von Stephan Steeger, Piper Verlag München 2002, 2007

Antonia Pozzi, *Parole*, Mondadori Mailand 1939, Garzanti Mailand 1989, 1998, 2001. Die hier abgedruckten Gedichte »Nevai«, »Acqua alpina«, »Canto selvaggio« und »Rifugio« wurden von Barbara Sauser aus dem Italienischen übersetzt.

Mario Rigoni Stern, *Le vite dell'Altipiano. Racconti di uomini, boschi e animali*, Einaudi Turin 2008

Lesen Sie auch >>

LESEPROBE

Wagemutig erkunden Pietro und Bruno als Kinder die verlassenen Häuser des Bergdorfs, streifen an endlosen Sommertagen
durch schattige Täler, folgen dem Wildbach bis zur Quelle.
Als Erwachsene trennen sich die Wege der beiden Freunde:
Der eine wird das Dorf nie verlassen und versucht die Käserei
seines Onkels wiederzubeleben, den anderen drängt es in die
weite Welt hinaus, magisch angezogen von immer noch
höheren Gipfeln. Das unsichtbare Band zwischen ihnen bringt
Pietro immer wieder in die Heimat zurück, doch längst sind sie
sich nicht mehr einig, wo das Glück des Lebens zu finden ist.
Kann ihre Freundschaft trotzdem überdauern?

Mein Vater ging auf seine Art in die Berge: Er war weniger ein Mann der Meditation als ein Dickkopf und Draufgänger. Er begann den Aufstieg, ohne seine Kräfte einzuteilen, stets im Wettlauf gegen irgendwen oder was, und wenn ihm ein Weg zu lang war, nahm er eine Abkürzung. Bei ihm war es verboten zu rasten, verboten über Hunger, Kälte oder Erschöpfung zu klagen, dafür durfte man ein schönes Lied singen, besonders bei Gewitter oder dichtem Nebel. Und sich laut johlend die Schneefelder hinabstürzen.

Meine Mutter, die ihn schon von klein auf kannte, erzählte, dass er schon damals auf niemanden warten wollte, so wild war er darauf, jeden einzuholen, den er vor sich hatte. Deshalb musste man gut zu Fuß sein, um in den Augen meines Vaters Gnade zu finden. Mit einem Lachen gab sie mir zu verstehen, dass sie ihn so erobert hatte. Später zog sie es vor, keine Wettläufe mehr zu veranstalten, sondern sich auf einer Wiese niederzulassen, die Füße in einen kalten Wildbach zu hängen oder Kräuter und Blumen zu bestimmen. Auch auf dem Gipfel bewunderte sie am liebsten die Kuppen in der Ferne, dachte an die Berge ihrer Jugend zurück und versuchte sich daran zu erinnern, wann sie mit wem wo gewesen war, während mein Vater in diesem Moment nichts als Ernüchterung empfand und nur noch nach Hause wollte.

Zwei unterschiedliche Reaktionen auf dasselbe Heimweh vermutlich. Meine Eltern waren mit Anfang dreißig in die Stadt gezogen, fort aus dem ländlichen Veneto, wo meine Mutter geboren und mein Vater als Kriegswaise aufgewachsen war. Ihre ersten Berge, ihre erste große Liebe, waren die Dolomiten gewesen. Sie erwähnten sie manchmal in ihren Gesprächen, als ich noch zu klein war, ihnen zu folgen, aber manche Worte ragten eindeutig heraus, weil sie sonorer, gewichtiger waren: Rosengarten, Langkofel, Tofana, Marmolada. Es genügte, dass mein Vater einen dieser Namen nannte, und die Augen meiner Mutter begannen zu leuchten.

Das waren die Orte, an denen sie sich verliebt hatten, wie auch ich irgendwann begriff. Ein Pfarrer hatte sie in jungen Jahren mit dorthin genommen, derselbe, der sie später auch traute: am Fuß der Drei Zinnen, dort vor der kleinen Kirche, eines Morgens im Herbst. Diese Hochzeit im Hochgebirge war der Gründungsmythos unserer Familie – boykottiert von den Eltern meiner Mutter, ohne dass ich gewusst hätte, warum, gefeiert im Kreis weniger Freunde, mit Anoraks statt Hochzeitsgewändern und mit einem Bett in der Auronzohütte in ihrer ersten Nacht als Mann und Frau. Auf den Felsbändern der Großen Zinne glitzerte bereits Schnee. Es war ein Samstag im Oktober '71, das Ende der Klettersaison – damals, aber auch noch für viele Jahre danach. Wenig später verfrachteten sie die ledernen Bergstiefel, die Kniebundhosen, ihren schwangeren Bauch und seinen Arbeitsvertrag ins Auto und zogen nach Mailand.

Gelassenheit gehörte nicht gerade zu den Tugenden meines Vaters, aber in der Stadt hätte er sie besser gebrauchen können als Ausdauer. Eine gute Aussicht hatten wir auch in Mailand;

in den Siebzigern wohnten wir in einem Haus, das an einer breiten, stark befahrenen Allee stand. Unter dem Asphalt floss angeblich ein Fluss, die Olona. Tatsächlich führte die Straße an Regentagen Wasser, und dann stellte ich mir vor, wie der Fluss da unten im Dunkeln brodelte und anschwoll, bis er aus der Kanalisation kam. Doch es war der andere Fluss aus Autos, Transportern, Mopeds, Lastern, Bussen und Krankenwagen, der ständig Hochwasser hatte. Wir wohnten oben im siebten Stock, und die beiden identischen Häuserreihen, die unsere Straße säumten, verstärkten den Lärm. In manchen Nächten hielt es mein Vater einfach nicht mehr aus. Dann stand er auf und riss das Fenster auf, als wollte er die Stadt beschimpfen, ihr befehlen zu schweigen oder sie mit flüssigem Pech begießen. Minutenlang starrte er nach unten, um anschließend in seine Jacke zu schlüpfen und einen Spaziergang zu machen.

Aus diesen Fenstern sahen wir ein großes Stück Himmel. Ein eintöniges Weiß, egal zu welcher Jahreszeit, einzig und allein von Vögeln durchzogen. Meine Mutter ließ sich nicht davon abhalten, Blumen zu ziehen, auf einem von Auspuffgasen geschwärzten und von Dauerregen schimmlig gewordenen kleinen Balkon. Dort hegte sie ihre Pflänzchen und erzählte mir von Weinbergen im August, draußen auf dem Land, wo sie aufgewachsen war, von an Holzbalken aufgehängten Tabakblättern in den Trockenschuppen oder vom Spargel, der – um weiß und zart zu bleiben – geerntet werden muss, bevor er aus dem Boden sprießt, weshalb man einen besonderen Blick dafür braucht, ihn unter der Erde zu erkennen.

Jetzt nutzte sie diesen Blick auf andere Weise. Im Veneto war sie Krankenschwester gewesen, während sie in Mailand als Familienhelferin im Olmi-Viertel arbeitete, in den Sozialwohnungen am westlichen Stadtrand.

Das war ein noch ganz neuer Beruf, der gerade erst eingeführt worden war, genau wie die Beratungsstelle, für die sie arbeitete und die es sich zur Aufgabe gemacht hatte, Frauen während der Schwangerschaft zu unterstützen und Neugeborene während des ersten Lebensjahrs zu begleiten. Das war auch der Job meiner Mutter, der ihr gut gefiel. Nur dass man in ihrem Einsatzgebiet ein ziemliches Sendungsbewusstsein dafür brauchte. In diesem sogenannten Ulmen-Viertel gab es nämlich alles andere als Ulmen. Sämtliche Straßennamen in diesem Stadtteil, all die Erlen-, Fichten-, Lärchen- und Birkenwege, waren der reinste Hohn inmitten von zwölfstöckigen Mietskasernen, die von allen möglichen Problemen heimgesucht wurden. Zu den Aufgaben meiner Mutter gehörte es auch, das Umfeld zu kontrollieren, in dem ein Kind aufwuchs – es waren erschütternde Hausbesuche, die sie oft tagelang beschäftigten. In Extremfällen musste sie das Jugendamt informieren. Es war schwer für sie, sich zu so einer Entscheidung durchzuringen – von den vielen Beleidigungen und Drohungen einmal abgesehen. Trotzdem wusste sie, dass sie richtig handelte. Und damit war sie nicht allein. Sie fühlte sich den Sozialarbeiterinnen, Erzieherinnen und Lehrerinnen eng verbunden, so als hätten sie eine kollektive weibliche Verantwortung für diese Kinder.

Mein Vater hingegen war schon immer ein Einzelgänger. Er war Chemiker in einer Fabrik mit zehntausend Arbeitern, die fortwährend von Streiks und Entlassungen gebeutelt wurde. Doch egal, was dort vorfiel – er kehrte stets wutentbrannt zu uns zurück. Beim Abendessen schaute er stumm die Nachrichten, die Hände mit dem Besteck in der Luft erstarrt, so als rechnete er jeden Moment mit dem Ausbruch des Dritten Weltkriegs. Bei jedem gewaltsamen Tod, bei jeder Regierungskrise, bei jeder Benzinpreiserhöhung und bei jedem anonymen Bombenattentat fluchte er leise vor sich hin. Mit den wenigen Kollegen, die er zu uns nach Hause einlud, wurde fast nur über Politik diskutiert, was stets in Streit ausartete. Bei Kommunisten machte er einen auf Antikommunist, bei Konservativen einen auf radikal und bei jedem, der ihn zum Kirchen- oder Parteieintritt bewegen wollte, kehrte er den Freidenker heraus. Aber das war keine Zeit, in der man sich einer Gruppenzugehörigkeit verweigern konnte, deshalb dauerte es nicht lange, und die Arbeitskollegen stellten ihre Besuche ein. Trotzdem ging er weiterhin in die Fabrik, als müsste er jeden Morgen in den Schützengraben, schlief schlecht und wollte die Dinge erzwingen, griff zu Ohrstöpseln und Kopfschmerztabletten und bekam cholerische Anfälle. Dann trat meine Mutter auf den Plan, die es als ihre eheliche Pflicht betrachtete, ihn zu besänftigen, die Schläge im Kampf meines Vaters mit der Welt zu dämpfen.

Zu Hause sprachen sie nach wie vor den Dialekt des Veneto. In meinen Ohren war das ihre Geheimsprache, der Widerhall eines früheren rätselhaften Lebens. Noch so ein Überbleibsel aus der Vergangenheit wie die drei Fotos, die meine Mutter auf dem Flurtischchen aufgestellt hatte. Ich sah sie mir häufig an. Das erste zeigte ihre Eltern in Venedig, auf der einzigen Reise ihres Lebens – ein Geschenk meines Großvaters an die Großmutter, zur Silberhochzeit. Auf dem zweiten posierte die ganze Familie bei der Ernte: Die Großeltern saßen in der Mitte, drei junge Frauen und ein junger Mann umstanden sie, dazu drei Körbe mit Trauben bei der Tenne. Auf dem dritten der einzige Sohn, mein Onkel, lachend mit meinem Vater neben einem Gipfelkreuz, ein aufgerolltes Seil um die Schulter und in Bergsteigermontur. Er war früh gestorben, weshalb ich seinen Namen trug, auch wenn ich Pietro und er Piero genannt wurde. Trotzdem kannte ich keinen dieser Leute. Wir besuchten sie nie, und sie kamen auch nie nach Mailand. Ein paarmal im Jahr nahm meine Mutter samstagmorgens den Zug, um sonntagabends trauriger als bei der Abfahrt wieder zurückzukehren. Doch dann verflog ihre Traurigkeit, und das Leben ging weiter. Es gab einfach zu viel zu tun, zu viele Menschen, um die man sich kümmern musste, statt in Wehmut zu versinken.

Aber diese Vergangenheit machte sich bemerkbar, wenn man es am wenigsten erwartete. Im Auto, während der langen Fahrt, die mich zur Schule, meine Mutter zur Beratungsstelle und meinen Vater zur Fabrik brachte, stimmte sie morgens manchmal ein altes Lied an. Mitten im Verkehr sang sie die erste Strophe, woraufhin er mit einfiel. Diese Lieder spielten in den Bergen und handelten vom Ersten Weltkrieg: *La tradotta, La Valsugana, Il testamento del capitano.* Es waren Geschichten, die ich inzwischen auswendig kannte. Mit siebenundzwanzig Mann waren sie an die Front gezogen und nur zu fünft heimgekehrt. Unten am Piave harrte ein Kreuz auf eine Mutter, die es irgendwann aufsuchen würde. Und in der Ferne wartete sehnsüchtig die Braut, doch eines Tages war sie es leid und heiratete einen andern. Der Sterbende schickte ihr einen Kuss und wünschte sich eine Blume. Manche Worte waren im Dialekt, woran ich erkannte, dass meine Eltern sie aus ihrem früheren Leben mitgenommen hatten. Gleichzeitig spürte ich noch etwas anderes, noch Seltsameres, so als würden diese Lieder irgendwie auch von ihnen handeln. Von ihnen ganz persönlich, denn sonst wäre da nicht die klar erkennbare Rührung in ihren Stimmen gewesen.

An bestimmten Föhntagen im Herbst oder Frühling tauchten am Ende der Mailänder Straßen plötzlich die Berge auf.

Hinter einer Kurve, über einer Überführung, vollkommen unerwartet, und dann eilte der Blick meiner Eltern sofort dorthin, ohne dass einer den anderen darauf aufmerksam machen musste. Die Gipfel waren weiß, der Himmel außergewöhnlich blau, ein echtes Wunder. Während es unten bei uns Fabrikrevolten, überfüllte Sozialwohnungen, Straßenkämpfe, misshandelte Kinder und minderjährige Mütter gab, glitzerte dort oben Schnee. Meine Mutter fragte dann immer, welche Berge das waren, woraufhin sich mein Vater umsah, als wollte er den Kompass an der Geografie der Großstadt ausrichten. Wo sind wir hier, auf dem Viale Monza oder dem Viale Zara? Dann ist das die Grigna, sagte er nach einigem Nachdenken. Ja genau, das muss sie sein! Ihre Legende kannte ich: Die Grigna war einst eine wunderschöne, aber grausame Kriegerin, die ihre Verehrer mit Pfeil und Bogen tötete, weshalb sie von Gott zur Strafe in einen Berg verwandelt wurde. Und jetzt war sie hier, innerhalb der Windschutzscheibe, und ließ sich von uns dreien bewundern, die wir alle stumm unseren Gedanken nachhingen. Dann sprang die Ampel um, ein Fußgänger eilte vorbei, und hinter uns hupte jemand, den mein Vater verwünschte, während er wütend den Gang einlegte und diesem Moment der Gnade davonfuhr.

Die Siebziger neigten sich dem Ende zu, und während in Mailand die Hölle los war, schnürten meine Eltern die Bergschuhe. Sie fuhren nicht nach Osten, in ihre Heimat, sondern nach Westen, als wollten sie ihre Flucht fortsetzen: nach Ossola, ins Valsesia und ins Aostatal, hin zu höheren, schrofferen Bergen. Erst sehr viel später sollte mir meine Mutter gestehen, dass sie sie beim ersten Mal als überraschend beklemmend empfunden hatte. Im Vergleich zu den sanften Silhouetten des Veneto und

Trentino kamen ihr diese Täler eng, düster und unheimlich vor, so als wäre man in einer tiefen Schlucht. Der Fels war feucht und dunkel, und überall stürzten Wildbäche und Wasserfälle in die Tiefe. Was für Wassermassen! Hier musste es wirklich viel regnen. Ihr war nicht klar, dass all das Wasser einer besonderen Quelle entsprang, und auch nicht, dass mein Vater und sie schnurstracks darauf zumarschierten. Sie stiegen auf, bis sie in der Sonne liefen, und plötzlich öffnete sich die Landschaft, und der Monte Rosa tauchte vor ihnen auf. Eine arktische Welt, ein ewiger Winter, der bedrohlich über den Sommerweiden aufragte. Meine Mutter fand das beängstigend, doch mein Vater sagte, das sei, als entdeckte man eine neue Dimension, als käme man von den Bergen der Menschen, nur um sich dann in denen der Riesen wiederzufinden. Natürlich war es für ihn Liebe auf den ersten Blick.

Keine Ahnung, wo das damals gewesen ist. In Macugnana, Lagna, Gressoney oder Ayas? Damals fuhren wir jedes Jahr woandershin, folgten dem unsteten Nomadentum meines Vaters einmal um den Berg, der ihn erobert hatte. Noch mehr als an diese Täler erinnere ich mich an die Häuser, falls man sie überhaupt so nennen kann. Wir mieteten uns einen Campingplatzbungalow oder ein Zimmer in einem Landgasthof, in dem wir dann zwei Wochen blieben. Wir hatten nie genug Platz, um es uns dort gemütlich zu machen, und auch nicht die Zeit, eine echte Bindung aufzubauen, aber das interessierte meinen Vater auch gar nicht, er nahm es überhaupt nicht wahr. Kaum waren wir angekommen, zog er sich um, holte Karohemd, Cordhose und Wollpulli hervor und wurde in seinen alten Kleidern ein ganz neuer Mensch. Er verbrachte diese kurzen Ferien mit Wandern, verließ frühmorgens das Haus und kehrte erst abends oder am nächsten Tag zurück: voller Staub, sonnenverbrannt und erschöpft, aber glücklich. Beim Abendessen erzählte er uns von Gämsen und Steinböcken, von Nächten im Freien, Sternenhimmeln und vom Schnee, der dort oben selbst noch im August fiel. Und wenn er so richtig zufrieden war, endete er mit den Worten: Wie gern hätt ich euch dabeigehabt!

Doch meine Mutter weigerte sich, auf Gletscher zu gehen, sie hatte eine irrationale, unüberwindliche Angst davor. Für sie endeten die Berge bei dreitausend Metern, in der Höhe ihrer Dolomiten. Den dreitausend Metern zog sie die zweitausend vor – die Weiden, Wildbäche und Wälder. Auch die tausend Meter gefielen ihr sehr, das Leben in diesen Dörfern aus Holz und Stein. Wenn mein Vater fort war, ging sie gern mit mir spazieren, trank einen Kaffee auf der Piazza, setzte sich auf eine Wiese, um mir vorzulesen, und plauderte mit Passanten. Unsere ständigen Ortswechsel fand sie eher belastend. Sie wünschte sich ein Haus, das sie sich zu eigen machen, ein Dorf, in das sie zurückkehren konnte, und bat meinen Vater wiederholt darum. Der meinte, wir hätten kein Geld für eine doppelte Miete, bis sie ihm eine bestimmte Höchstsumme abrang und er ihr irgendwann erlaubte, sich auf die Suche zu machen.

Abends nach dem Essen breitete mein Vater eine Landkarte auf dem Tisch aus und plante seine nächste Tour. Daneben befanden sich das graue Büchlein des italienischen Alpenvereins und ein halb volles Glas Grappa, an dem er hin und wieder nippte. Meine Mutter genoss ihre Freizeit in einem Sessel oder auf dem Bett, wo sie sich in irgendeinen Roman vertiefte. Für ein, zwei Stunden verschwand sie komplett darin wie in einer anderen Welt. Dann kletterte ich auf den Schoß meines Vaters, um zu sehen, was er da machte. Ich erlebte ihn gut gelaunt und gesprächig – das genaue Gegenteil von dem Vater in der Stadt, den ich gewohnt war. Bereitwillig erklärte er mir die Karte und wie man sie liest: »Das hier ist ein Wildbach« – er zeigte darauf –, »das ein Bergsee und das hier sind Almhütten. An den Farben kannst du den Wald von Wiesen, Geröllfeldern und Gletschern unterscheiden. Diese geschwungenen Linien geben die Höhe an: Je dichter sie beieinanderliegen, desto steiler ist der Berg, bis er so steil wird, dass man ihn nicht mehr erklimmen kann. Hier, wo es weniger sind, ist die Steigung sanfter, und es gibt Wege, siehst du? Diese Punkte mit einer bestimmten Höhenangabe sind die Gipfel. Und die besteigen wir. Wir gehen erst wieder runter, wenn es nicht weiter raufgeht, hast du das verstanden?«

Nein, das ging über meinen Horizont. Ich musste sie mit eigenen Augen sehen, diese Welt, die ihn dermaßen glücklich machte. Als wir Jahre später damit begannen gemeinsam loszuziehen, erzählte mir mein Vater, er wisse noch genau, wann ich dem Ruf der Berge erstmals gefolgt sei. Eines Morgens, als er gerade aufbrechen wollte und sich die Stiefel schnürte, während meine Mutter noch schlief, habe ich plötzlich vor ihm gestanden: angezogen und aufbruchsbereit. Ich müsse mich im Bett fertig gemacht haben. Im Dunkeln hätte ich ihn erschreckt, so als wäre ich weitaus älter als meine sechs oder sieben Jahre. Schon damals war ich der, der ich einmal werden sollte, zumindest seinen Schilderungen nach: ein Vorgeschmack auf den erwachsenen Sohn, ein Gespenst aus der Zukunft.

»Möchtest du nicht noch ein bisschen schlafen?«, hatte er mich flüsternd gefragt, um meine Mutter nicht zu wecken.

»Ich will mit«, hatte ich erwidert, zumindest behauptete er das. Aber vielleicht war das auch nur ein Satz, an den er sich gern erinnern wollte.

TEIL I

BERGE DER KINDHEIT

EINS

Das Dorf Grana lag in einem Ausläufer dieser Täler, übersehen von allen, die daran vorbeikamen, und als uninteressant abgetan, oben begrenzt von bleigrauen Gebirgskämmen und unten von einem Felsen, der den Zugang versperrte. Auf diesem Felsen wachte eine Turmruine über längst verwilderte Felder. Ein von der Landstraße abgehender Schotterweg führte in steilen Kurven bis zum Fuß des Turms, anschließend wurde er sanfter, wand sich die Bergflanke entlang und führte auf halber Höhe in die Talschlucht, um dann fast eben zu werden. Es war Juli, als wir ihn nahmen, Juli 1984. Auf den Wiesen wurde gerade Heu gemacht. Die Talschlucht war breiter, als sie von unten aussah – nichts als Wald auf der Schatten- und Terrassenfelder auf der Sonnenseite. Weiter unten floss zwischen den Buschflecken ein Wildbach, den ich hin und wieder auffunkeln sah, und das gefiel mir schon mal an Grana. Damals las ich gern Abenteuerromane, und Mark Twain hatte mich mit seiner Flussbegeisterung angesteckt. Da unten konnte man bestimmt angeln, tauchen, schwimmen, einen kleinen Baum fällen und ein Floß bauen, und während ich mich solchen Fantasien hingab, nahm ich das Dorf gar nicht wahr, das gerade hinter einer Biegung auftauchte.

»Hier ist es«, sagte meine Mutter. »Langsam!«

Mein Vater fuhr nur noch mit Schrittgeschwindigkeit. Seit

wir aufgebrochen waren, folgte er geduldig ihren Anweisungen. Er beugte sich nach links und nach rechts, hinein in den Staub, den das Auto aufwirbelte, und musterte die Kuh- und Hühnerställe, die Scheunen aus dicken Holzstämmen, die verkohlten Ruinen, Traktoren am Straßenrand und Ballenpressen. Zwei schwarze Hunde mit Glöckchen um den Hals schossen aus einer Hofeinfahrt hervor. Bis auf ein paar neuere Häuser schien das gesamte Dorf aus demselben grauen Gestein zu bestehen und wirkte dadurch selbst wie ein Felsauswuchs, eine einstige Steinlawine. Ein Stück weiter oben weideten Ziegen.

Mein Vater schwieg. Meine Mutter, die diesen Ort entdeckt hatte, ließ ihn auf einem kleinen Platz halten und stieg aus, um nach der Vermieterin zu suchen, während wir schon mal das Gepäck abluden. Einer der Hunde kam uns bellend entgegen, und da tat mein Vater etwas, das ich noch nie bei ihm gesehen hatte: Er streckte die Hand aus, ließ sich beschnuppern, sprach beruhigend auf ihn ein und kraulte ihn zwischen den Ohren. Anscheinend konnte er besser mit Hunden als mit Menschen.

»Und?«, fragte er, während er die Spannseile vom Dachgepäckträger löste. »Was sagst du?«

»Genial!«, hätte ich am liebsten gerufen. Kaum war ich ausgestiegen, kam mir ein verheißungsvoller Duft nach Heu, Stall, Holz, Rauch und sonst noch was entgegen. Aber weil ich nicht wusste, was er von mir erwartete, sagte ich: »Nicht schlecht, oder?«

Mein Vater zuckte nur mit den Schultern. Er löste den Blick von unserem Gepäck und musterte den Schuppen vor uns. Er war ganz schief und wäre ohne die beiden Stützpfähle sicherlich längst eingestürzt. Darin türmten sich Heuballen, und obenauf lag ein Jeanshemd, das jemand ausgezogen und dort vergessen hatte.

»An so einem Ort bin ich aufgewachsen«, sagte er, ohne sich anmerken zu lassen, ob es sich dabei um angenehme oder unangenehme Erinnerungen handelte.

Er griff nach einem der Koffer und machte Anstalten, ihn herunterzunehmen, doch dann überlegte er es sich anders. Er sah mich an und schien sich insgeheim köstlich über etwas zu amüsieren.

»Na, was meinst du: Kann die Vergangenheit ein zweites Mal vergehen?«

»Das ist eine schwierige Frage«, sagte ich, um mir keine Blöße zu geben. Er gab mir oft solche Rätsel auf, glaubte eine ihm vertraute Intelligenz an mir wahrzunehmen, eine logisch-mathematische Begabung, und hielt es für seine Pflicht, sie auf die Probe zu stellen.

»Schau dir diesen Bach an. Siehst du ihn?«, fragte er. »Angenommen, das Wasser ist die vergehende Zeit. Wenn dort, wo wir stehen, die Gegenwart ist, wo ist dann deiner Meinung nach die Zukunft?«

Ich überlegte. Das schien nicht weiter schwer zu sein, und ich gab die nächstliegende Antwort: »Die Zukunft ist dort, wo das Wasser hinfließt, also da unten.«

»Falsch«, sagte mein Vater. »Zum Glück!« Und dann, als fiele eine schwere Last von ihm ab, »Hopp-la«, was er auch immer sagte, wenn er mich hochhob, woraufhin der erste von zwei Koffern mit einem dumpfen Knall zu Boden fiel.

Das Haus, das meine Mutter gemietet hatte, befand sich im oberen Teil des Dorfs. Es gehörte zu einem Hof, der eine Tränke umschloss. Man sah, dass die Gebäudeteile unterschiedlich alt waren: Das Mauerwerk, die Balkone aus schwarz gewordenem Lärchenholz, das mit bemoosten Steinschindeln gedeckte Dach und der große, rußgeschwärzte Schornstein stammten aus uralter Zeit. Der Rest war einfach bloß alt und aus einer Epoche, in der man die Steinböden mit Linoleum bedeckt, Blumenposter an die Wand gehängt und Hängeschränke und eine Küchenspüle eingebaut hatte – ausnahmslos längst angeschimmelt und ausgeblichen. Nur ein einziger Gegenstand hob sich von dieser Schäbigkeit ab: ein schwarzer gusseiserner Ofen, schwer und massiv, mit einem Messinggriff und vier Kochplatten. Er kam von woanders her, aus noch einer anderen Zeit. Aber meiner Mutter schien vor allem zu gefallen, was fehlte, denn sie hatte im Grunde kaum mehr als ein leer stehendes Haus gefunden. Sie fragte die Vermieterin, ob wir es ein wenig einrichten dürften, und die sagte nur: »Macht, was ihr wollt.« Sie hatte es schon seit Jahren nicht mehr vermietet und auch in diesem Sommer nicht damit gerechnet. Sie war wortkarg, aber nicht unfreundlich. Wahrscheinlich fühlte sie sich unwohl, weil sie gerade auf dem Feld gearbeitet hatte und nicht mehr dazu gekommen war, sich umzuziehen. Sie gab meiner Mutter einen riesigen Eisenschlüssel, erklärte ihr irgendwas zum warmen Wasser und protestierte kurz, bevor sie den vorbereiteten Umschlag entgegennahm.

Mein Vater war längst verschwunden. Für ihn war es ein Haus wie jedes andere, und schon am nächsten Tag musste er zurück ins Büro. Er stand auf dem Balkon und rauchte, die Hände auf der rauen Holzbrustung und den Blick auf die Berge gerichtet. Er schien sie zu belauern, als wollte er ergründen, wo er genau zum Angriff übergehen sollte. Erst als die Vermieterin weg war, kam er wieder rein und vermied es somit, sie begrüßen zu müssen. Seine Stimmung hatte sich inzwischen merklich verdüstert. Er sagte, er wolle etwas fürs Mittagessen einkaufen und noch vor Einbruch der Dunkelheit zu Hause sein.

Kaum war er abgereist, wurde meine Mutter in diesem Haus zu einer völlig anderen Frau. Gleich morgens nach dem Aufstehen schichtete sie Holzscheite in den Ofen, knüllte etwas Zeitung zusammen und entzündete ein Streichholz am rauen Gusseisen. Dabei störte sie weder der Rauch, der sich anschließend in der ganzen Küche ausbreitete, noch die Decke, in die sie sich hüllen musste, bis es warm wurde, noch die Milch, die kurz darauf überkochte und auf der heißen Ofenplatte anbrannte. Zum Frühstück bekam ich geröstetes Brot mit Marmelade. Sie wusch mich direkt unterm Wasserhahn, Gesicht, Hals und Ohren, trocknete mich anschließend mit einem Geschirrtuch ab und schickte mich hinaus an die frische Luft, an die Sonne, damit ich endlich etwas von meiner städtischen Mimosenhaftigkeit verlor.

Damals wurde der Wildbach zu meinem Erkundungsgebiet. Aber über zwei Grenzen durfte ich mich nicht hinauswagen: Bergauf war das eine Holzbrücke, hinter der das Ufer steiler wurde und sich zu einer Klamm verengte, und bergab der Wald am Fuß des Felsens, wo das Wasser weiter in Richtung Talsohle floss. Das war der Bereich, den meine Mutter vom Balkon aus gerade noch überblicken konnte – aber dafür enthielt er einen ganzen Fluss. Der Wildbach floss in Stufen hinunter, in mehreren schäumenden Stromschnellen zwischen dicken Felsen, auf denen ich mich weit vorbeugte, um die silbernen Reflexe auf seinem Grund zu betrachten. Ein Stück weiter verlangsamte und verzweigte er sich, so als wäre er nicht mehr jung und ungestüm, sondern auf einmal erwachsen, und trennte von Birken besiedelte Inseln, über die ich bis ans gegenüberliegende Ufer hüpfen konnte. Noch ein Stück weiter bildete hölzernes Dickicht eine Art Schranke. Dort kam eine Schotterrinne herunter, und im Winter hatte eine Lawine die Baumstämme und

Zweige mitgerissen, die jetzt im Wasser vor sich hin faulten. Aber von diesen Dingen hatte ich damals noch nicht die leiseste Ahnung. Für mich war das einfach nur der Moment im Leben des Bachs, in dem er auf ein Hindernis stieß, zum Stillstand kam und sich eintrübte. Immer wieder setzte ich mich dorthin und betrachtete die Algen, die knapp unter der Wasseroberfläche hin und her wogten.

Es gab einen Jungen, der an den Flusswiesen Kühe weidete. Von meiner Mutter wusste ich, dass es der Neffe unserer Vermieterin war. Er hatte stets einen gelben Plastikstock mit gebogenem Knauf dabei, mit dem er die Kühe hinauf ins hohe Gras trieb. Es waren sieben, braun gescheckt, jung und ruhelos. Wenn sie auf eigene Faust losmarschierten, schrie der Junge sie an, und es kam vor, dass er der einen oder anderen fluchend hinterherrannte, um auf dem Rückweg erneut den Hang hinaufzusteigen, sich umzudrehen und nach ihnen zu rufen, »Ho, ho, ho«, oder »He, he, he«, bis sie ihm widerstrebend zum Stall folgten. Auf der Weide setzte er sich ins Gras und behielt sie von oben im Auge, während er mit einem Taschenmesser an einem Stück Holz herumschnitzte.

»Du kannst hier nicht bleiben«, sagte er, als er ausnahmsweise einmal das Wort an mich richtete.

»Warum?«, fragte ich

»Du drückst das Gras platt.«

»Und wo kann ich dann hin?«

»Da!«

Er zeigte aufs andere Ufer. Ich wusste nicht, wie ich dorthin kommen sollte, wollte ihn aber auch nicht danach fragen oder darum bitten, quer über seine Wiese gehen zu dürfen. Deshalb watete ich ins Wasser, ohne mir vorher die Schuhe auszuziehen. Ich versuchte mich in der Strömung auf den Beinen zu halten und keine Sekunde zu zögern, als wäre es für mich das Selbstverständlichste von der Welt, durch Flüsse zu waten. Ich durchquerte den Fluss und setzte mich mit durchweichter Hose und klatschnassen Schuhen auf einen Felsblock. Aber als ich mich umdrehte, beachtete mich der Junge nicht weiter.

So verbrachten wir ganze Tage – er an einem Ufer und ich am anderen, ohne uns auch nur eines Blickes zu würdigen.

»Warum freundest du dich nicht mit ihm an?«, fragte meine Mutter eines Abends am Ofen. Das Haus hatte sich mit der Feuchtigkeit zu vieler Winter vollgesogen, daher machten wir abends ein Feuer und wärmten uns daran, bis es Zeit wurde, zu Bett zu gehen. Jeder von uns las in seinem Buch, und hin und wieder, kurz vor dem Umblättern, ließ sie die Flammen und das Gespräch aufleben. Der große Ofen hörte uns zu.

»Aber wie soll ich das anstellen?«, fragte ich. »Ich weiß nicht, was ich sagen soll.«

»Sag einfach Hallo. Frag, wie er heißt. Frag, wie seine Kühe heißen.«

»Okay, gute Nacht«, erwiderte ich und tat so, als wäre ich völlig in meine Lektüre vertieft.

Im Umgang mit Menschen war mir meine Mutter weit voraus. Weil es im Dorf keine Läden gab, hatte sie, während ich meinen Bach erforschte, einen Hof entdeckt, wo man Milch und Käse bekam, einen Nutzgarten, der Gemüse verkaufte, und das Sägewerk, wo sie Feuerholz besorgte. Sie hatte auch eine Vereinbarung mit dem jungen Mann von der Molkerei getroffen, der morgens und abends mit einem kleiner Laster vorbeikam, um die Milchkannen abzuholen und ihr Brot und Einkäufe vorbeizubringen. Und irgendwie hatte sie es bereits nach einer Woche geschafft, Blumenkästen ans Balkongeländer zu hängen und mit Geranien zu bepflanzen. Jetzt sah man unser

Haus schon von Weitem, und ich bekam mit, wie die wenigen Einwohner von Grana sie mit Namen begrüßten.

»Außerdem ist es nicht weiter wichtig«, sagte ich kurz darauf.

»Was?«

»Dass ich hier Freunde finde. Ich bin gern allein.«

»Ach ja?« Meine Mutter schaute von ihrem Buch auf und sagte ohne zu lächeln, als handelte es sich um eine wirklich ernste Angelegenheit: »Meinst du wirklich?«

Sie beschloss, mir zu helfen. Auch wenn nicht alle dieser Meinung sind, war meine Mutter fest davon überzeugt, dass man sich einmischen darf. Einige Tage später fand ich in ebendieser Küche den Hirtenjungen vor, der auf meinem Stuhl saß und frühstückte. Genauer gesagt roch ich ihn, noch bevor ich ihn sah, da er den Duft nach Stall, Heu, geronnener Milch, feuchter Erde und Kaminrauch an sich hatte, den ich von nun an stets mit den Bergen verbinden würde und noch in jedem Gebirge dieser Welt wiedergefunden habe. Er hieß Bruno Guglielmina und hatte denselben Nachnamen wie alle in Grana, wie er uns erklärte. Doch er sei der Einzige, der Bruno heiße. Er war wenige Monate älter als ich, zwar schon '72 geboren, aber im November. Er verschlang die Kekse, die meine Mutter ihm anbot, als hätte er noch nie welche gegessen. Wie sich herausstellte, hatte nicht nur ich ihn oben auf der Weide beobachtet, sondern er mich genauso, während wir beide so taten, als würden wir uns ignorieren.

»Du magst den Bach, stimmt's?«, sagte er.

»Ja.«

»Kannst du schwimmen?«

»Ein bisschen.«

»Und angeln?«

170

»Eher nicht.«

»Komm mit, ich zeig dir was.«

Mit diesen Worten sprang er vom Stuhl. Das ließ ich mir nicht zweimal sagen. Ich wechselte einen kurzen Blick mit meiner Mutter und rannte ihm sofort hinterher.

Bruno brachte mich zu einer Stelle, die ich schon kannte. Dort floss der Bach im Schatten eines Stegs vorbei. Als wir das Ufer erreicht hatten, befahl er mir flüsternd, mich so still und unauffällig zu verhalten wie möglich. Anschließend beugte er sich auf einem Felsblock ein winziges Stück vor, gerade so weit, dass er darüber hinausspähen konnte. Stumm bedeutete er mir zu warten. Währenddessen ließ ich ihn nicht aus den Augen. Er hatte flachsblondes Haar und einen sonnenverbrannten Nacken. Er trug eine Hose, die ihm viel zu groß war, mit hochgekrempelten Hosenbeinen und einem viel zu tief hängenden Schritt – die Karikatur eines Erwachsenen. Er verhielt sich auch wie ein Erwachsener, seine Stimme und seine Gesten besaßen eine gewisse Ernsthaftigkeit. Mit einem Nicken befahl er mir, näher zu kommen, und ich gehorchte. Ich beugte mich auf dem Felsblock nach vorn, um zu sehen, was er sah. Ich wusste nicht, was mich erwartete. Dort hinten bildete der Bach einen kleinen Wasserfall sowie ein winziges schattiges Becken, vielleicht knietief. Die Wasseroberfläche war bewegt und brodelte wegen des tosenden Wasserfalls. Ein Fingerbreit Schaum hatte sich am Rand abgesetzt, und an einem großen stecken gebliebenen Ast fingen sich Gräser und modrige Blätter. Es war kein besonders aufregender Anblick, bloß Wasser, das einen Berg hinunterfloss, und trotzdem entzückte er mich immer wieder aufs Neue, ohne dass ich gewusst hätte, warum.

Nachdem ich eine Weile in das Becken gespäht hatte, sah ich, wie sich die Wasseroberfläche kurz teilte, und entdeckte etwas

Lebendiges. Erst einen und dann zwei, drei, vier schmale Schatten, das Maul gegen den Strom gerichtet. Nur der Schwanz bewegte sich langsam hin und her. Manchmal schoss einer der Schatten davon und blieb woanders stehen, und manchmal tauchte ein Rücken auf, um gleich darauf wieder unterzugehen, stets mit Blick zum Wasserfall. Wir standen weiter talwärts als sie, deshalb hatten sie uns noch nicht bemerkt.

»Sind das Forellen?«, flüsterte ich.

»Fische«, sagte Bruno.

»Und die sind immer hier?«

»Nicht immer. Manchmal nehmen sie ein anderes Becken.«

»Aber was machen die da?«

»Jagen«, erwiderte er, als wäre es das Normalste von der Welt. Doch für mich war das völlig neu. Ich hatte stets gedacht, dass ein Fisch mit der Strömung schwimmt, weil das einfacher ist, und nicht, dass er seine Kraft darauf verschwendet, sich der Strömung entgegenzustellen. Die Forellen bewegten den Schwanz nur so schnell hin und her, dass sie an Ort und Stelle blieben. Ich hätte gern gewusst, worauf sie Jagd machten. Vielleicht auf die kleinen Fliegen, die knapp über der Wasseroberfläche tanzten, als hielte sie dort etwas gefangen? Ich beobachtete das Ganze und versuchte daraus schlau zu werden, bis Bruno auf einmal genug hatte. Er sprang auf und fuchtelte mit den Armen, woraufhin die Forellen sofort auseinanderstoben. Ich schaute näher hin: Sie waren aus der Beckenmitte in alle Richtungen geflohen. Ich spähte ins Wasser, doch alles, was ich sah, waren die weißblauen Kiesel auf dem Grund. Dann musste ich mich von ihnen losreißen, um Bruno zu folgen, der die Uferböschung auf der anderen Seite des Bachs hinaufrannte.

Weiter oben lag ein einsames Gebäude direkt am Wasser, eine Art Wärterhäuschen. Es verfiel zwischen den Brennnesseln,

Brombeersträuchern und Wespennestern in der Sonne. Solche Ruinen gab es viele im Dorf. Bruno legte die Hände auf die Steinmauer, dort wo sie einen rissigen Vorsprung bildete, zog sich daran hoch und stand nach zwei Sätzen in der Fensteröffnung des ersten Stocks.

»Komm schon!«, rief er von oben. Doch dann vergaß er, auf mich zu warten, vielleicht weil er es kinderleicht fand oder gar nicht auf die Idee kam, ich könnte Hilfe brauchen. Oder aber weil er daran gewöhnt war, dass man alles allein schaffen muss, egal, wie leicht oder schwierig es ist. Ich tat es ihm nach, so gut ich konnte, und spürte den rauen, warmen, trockenen Stein unter den Fingern. Ich schrammte mir die Arme am Vorsprung des kleinen Fensters auf, spähte hinein und sah, wie sich Bruno von einer Falltür im Dachboden herabließ und auf eine Leiter stieg, die nach unten führte. Vermutlich war schon damals klar, dass ich ihm überallhin folgen würde.

Dort unten im Halbdunkel befand sich ein Raum, der von niedrigen Mauern in vier gleich große Bereiche unterteilt wurde. Sie erinnerten an Wannen. Es roch nach Moder und morschem Holz. Nachdem sich meine Augen langsam an die Dunkelheit gewöhnt hatten, sah ich, dass der Boden mit Dosen, Flaschen, alten Zeitungen, zerschlissenen Hemden, kaputten Schuhen und verrosteten Werkzeugteilen übersät war. Bruno beugte sich über einen großen glatten Stein. Er war weiß, hatte die Form eines Rads und lag im hintersten Winkel des Raums.

»Was ist das?«, fragte ich.

»Ein Mahlstein«, sagte er. Und dann: »Von der Mühle.«

Ich beugte mich zu ihm, um besser sehen zu können. Ich wusste, was ein Mahlstein war, hatte aber noch nie einen mit eigenen Augen gesehen. Ich streckte die Hand aus. Der Stein war kalt und glitschig. Im Loch in der Mitte hatte sich Moos angesiedelt, das wie grüner Schleim an den Fingerkuppen hängen blieb. Meine Arme brannten, wo ich mich vorhin aufgeschürft hatte.

»Wir müssen ihn hochkant kriegen«, sagte Bruno.

»Warum?«

»Damit wir ihn rollen können.«

»Aber wohin denn?«

»Wohin? Na, runter natürlich!«

Er schüttelte den Kopf, weil ich so schwer von Begriff war. »Wir stellen ihn auf und rollen ihn raus«, erklärte mir Bruno geduldig. »Und dann lassen wir ihn den Bach runterkullern. Damit die Fische aus dem Wasser springen und wir sie essen können.«

Ich fand die Idee auf Anhieb genial, aber auch undurchführbar. Dieser Stein war viel zu schwer für uns beide. Aber es war einfach zu schön, sich vorzustellen, wie er losrollte, und vor allem, dass wir so was zuwege bringen konnten. Ich beschloss, keine Einwände zu erheben. Jemand musste bereits einen Versuch unternommen haben, denn unter ihm, zwischen Stein und Boden, steckten zwei Fällkeile, sodass er sich anheben ließ. Bruno nahm einen dicken Holzstab auf, den Griff einer Hacke oder Schaufel, und trieb ihn mit einem Stein in diesen Spalt wie einen Nagel. Als die Spitze feststeckte, schob er den Stein unter den Griff und fixierte den Stab mit einem Fuß.

»Los, hilf mir«, befahl er.

»Was soll ich tun?«

Ich stellte mich neben ihn. Wir mussten ihn zu zweit nach unten drücken, um den Mahlstein mit unserem vereinten Körpergewicht anzuheben. Also hängten wir uns beide an den Stab, und als sich meine Füße vom Boden lösten, spürte ich kurz, wie sich der Steinbrocken etwas bewegte. Bruno hatte eine geeignete Methode gefunden, die mit einer besseren Hebelwirkung vielleicht sogar funktioniert hätte, aber das alte Holz bog sich unter unserem Gewicht, ächzte und splitterte, sodass wir abrupt zu Boden fielen. Bruno verletzte sich an der Hand und wedelte fluchend damit herum.

»Hast du dir wehgetan?«, fragte ich.

»Scheißstein!« Er lutschte an der Wunde. »Früher oder später schaffen wir dich von hier weg.« Er kletterte die Leiter hoch und verschwand wütend nach oben. Kurz darauf hörte ich, wie er aus dem Fenster sprang und davonrannte.

An diesem Abend lag ich vor lauter Aufregung noch lange wach. Ich hatte eine einsame Kindheit gehabt und war gemeinsame Unternehmungen nicht gewohnt. Auch in dieser Hinsicht war ich meinem Vater vermutlich sehr ähnlich. Aber an diesem Tag hatte ich etwas gespürt, eine unverhoffte Nähe, die mich faszinierte, mir aber auch Angst machte: einen Weg in ein unbekanntes Land. Um mich wieder zu beruhigen, suchte ich verzweifelt nach einem Bild und dachte an den Bach, an das Becken, den kleinen Wasserfall und die Forellen, die den Schwanz hin und her bewegten, um reglos im Wasser zu stehen. An die vorbeitreibenden Blätter und Zweige. Und an die Forellen, die auf ihre Beute zuschossen. Langsam dämmerte mir etwas, nämlich dass für einen Fisch alles vom Berg kommt: Insekten, Zweige, Blätter, einfach alles. Deshalb schaut er nach oben, in Erwartung dessen, was da kommt. Wenn der Punkt, an dem man in einen Fluss eintaucht, die Gegenwart ist, so dachte ich mir, ist die Vergangenheit das Wasser, das einen überholt hat und in die Tiefe fließt, wo einen nichts mehr erwartet. Und die Zukunft das Wasser, das von oben kommt und Gefahren mit sich bringt, aber auch Überraschungen. Die Vergangenheit ist das Tal und die Zukunft der Berg. So hätte ich die Frage meines Vaters beantworten müssen! Was auch immer das Schicksal für uns bereithält – es kommt von den Bergen, die über uns emporragen.

Dann zogen auch diese Gedanken weiter, und ich lauschte. Inzwischen hatte ich mich an die nächtlichen Geräusche gewöhnt und konnte sie genau voneinander unterscheiden. Das ist der Brunnen an der Tränke, dachte ich. Das das Glöckchen eines Hundes, der durch die Nacht streunt. Und das das elektrische Summen der einzigen Laterne von Grana. Ich fragte mich, ob Bruno in seinem Bett wohl dasselbe hörte. In der Küche blätterte meine Mutter eine Buchseite um, während mich das Prasseln des Ofens in den Schlaf wiegte.